外貨建取引の会計入門

新日本有限責任監査法人［編］

中央経済社

発刊にあたって

　会計に携わる方なら，「基準や実務指針，解説書を読んでみたが，難解でわからなかった」といった経験があるのではないでしょうか。本書は，図解やキャラクター，そして専門用語でない一般用語を用いた解説で，会計処理に関するもやもや感を「スッキリ」させることをねらいとしています。図解を用いた解説書では，既刊の「図解でざっくり会計シリーズ」があり，好評を得ております。本書は，当シリーズの良い点を引き継ぎつつ，「もっと深いところまで知りたい」という読者の声にもこたえるために企画した第2弾です。

　本書のテーマは外貨建取引です。外貨建取引は，輸出入をはじめ投融資や資金調達等で，実務で頻繁に発生します。一方，会計処理は，取引内容や時点（取引発生時，決算時，決済時等）により詳細なルールがあり複雑です。本書では，輸出入取引の基本や為替レートの変動要因といった外貨建に関連するしくみから，なぜそういう会計処理をとるのかという理由まで，奥深く解説します。

　経理業務に関わりのある方のみならず，会計を理解したいという多くの方に手に取っていただき，会計を身近に感じていただけましたら幸甚です。

　最後に，本書執筆にあたり，アドバイスをいただきました株式会社中央経済社の末永芳奈氏にこの場をお借りして御礼を申し上げます。

平成28年12月

新日本有限責任監査法人　筆　者　一　同

本書の読み方

> ①原則，1見開き1テーマです。まずテーマを把握しましょう。テーマ別なので，知りたいor調べたいところだけのつまみ食いもOK！

16

2-3　直物レートと先物レート

交換するのはいつ？ 今？ 将来？

　為替レートは，通貨を交換するタイミングによって，**直物レート**と**先物レート**に分けられます。

　直物レートは取引発生時の為替レートであり，資金の受け渡しが取引日から2営業日以内に行われる場合に使用されます。たとえば，今，決済に必要な円をドルに両替する場合には，直物レートが使用されます。

　これに対し，**先物レート**は取引日の3営業日以降に資金の受け渡しが行われる場合に使用される為替レートです。たとえば，輸出を行い，決済期日が2ヶ月後の場合，取引時点では2ヶ月後の為替レートがいくらになるかはわかりません。そこで，2ヶ月後の為替レートを現時点で確定しておく場合があります。このときのレートが先物レートです。なおこのように2ヶ月後の為替レートでの外貨交換を現時点で"予約"することを**為替予約**といいます。

 Check!　リスクヘッジとしての為替予約

　為替予約は為替リスクを避けるための手段として用いられており，輸出企業の「ドル売り（円買い）の予約」や，輸入企業の「ドル買い（円売り）の予約」などがよく行われています。

　なお，為替予約レートは，好き勝手に設定できるものではなく，予約の期日によって決定されます。一般に，現在の実勢レートに，金利を加味したレートが用いられます。

> ②右ページの図解と合わせ，読み進めていきましょう。重要な用語は，Key wordとして強調し，＋αの知識は，Check!として紹介します。

本書の読み方　3

むずかし〜いテーマも図解の力で，頭にしみいるように解説します！　もう挫折はしないよ！

スッキリ丸

§2　為替レートの基礎知識　17

「今」交換する時は直物レート，「将来」交換する時は先物レート

■直物レート：ドルをすぐに円に両替したい場合の交換レート

たとえば海外旅行で両替するときのレートは直物レートだ！

1$=100円

■先物レート：2ヶ月後のドル建売買代金を円で確定したい場合の交換レート

決済日：2ヶ月後の3/31

決済日に合わせ為替予約をするような場合の為替レートが先物レートだ！

1$=97円

③スッキリ丸の疑問や発見により，つまずきやすい点，論点を把握することができます。

Contents

発刊にあたって

本書の読み方

§1　外貨建取引に会計ルールが必要なわけ ………… 1

- 1－1　外貨建取引のいろいろ …………………… 2
  外貨建取引は輸出入だけでなく，財テクや資金調達でも発生する
- 1－2　外貨の価値は変動する …………………… 4
  為替レートが変動すると換算額が変わる！
- 1－3　外貨建取引の答えは1つではない！ ………… 6
  記帳ルールがないと困るわけ
- 1－4　「外貨建取引等会計処理基準」の範囲 ……… 8
  海外の支店や子会社の決算書等の換算ルールも設定！
- **COLUMN**　江戸幕府倒壊の一因となった為替レート問題!? …… 10

§2　為替レートの基礎知識 …………………………… 11

- 2－1　円高とドル安 ……………………………… 12
  実録！ 過去10年で為替レートはこれだけ動いた
- 2－2　換算における為替レートの重要性 ………… 14
  換算後の金額が大きく変わる！ 企業業績にも影響が…

2-3 直物レートと先物レート ……………… 16
　　　交換するのはいつ？ 今？ 将来？
2-4 外国為替市場で行われていること ………… 18
　　　外国為替ブローカーって何者!?
2-5 インターバンクレートと対顧客取引レート … 20
　　　TTS，TTB，TTMとは？
2-6 固定相場制のしくみ ……………… 22
　　　為替レートは常に一定！
2-7 変動相場制のしくみ ……………… 24
　　　為替レートは常に変動する！
COLUMN　為替レートが銀行により異なるわけ ……………… 26

§3　為替相場はなぜ動く？ ……………… 27

3-1 通貨の価値が変わるのは？ ……………… 28
　　　人気と流通量で価値が変わる
3-2 為替相場が動くとき① ……………… 30
　　　金利が高い国の通貨の価値は高くなる
3-3 為替相場が動くとき② ……………… 32
　　　景気がいい国の通貨の価値は高くなる
3-4 為替相場が動くとき③ ……………… 34
　　　貿易収支・サービス収支と為替相場の関係は？
3-5 為替相場が動くとき④ ……………… 36
　　　地政学的リスクや要人発言にも注意！
3-6 為替相場は操作できるのか？ ……………… 38
　　　日銀の為替相場への介入とは!?

3−7 先物レートは何で決まる？ ……………… 40
　　　直物レートと金利に影響を受ける
3−8 実需マネーと投機マネー ………………… 42
　　　実需筋，投機筋の割合は？
COLUMN　マイナス金利と為替相場 …………………… 44

§4　外貨建取引のリスクとヘッジ ……………… 45

4−1 円安進行によるリスク …………………… 46
　　　ある輸入小売業者の憂鬱～輸入品の仕入値が1.5倍に！～
4−2 円高進行によるリスク …………………… 48
　　　忙しいのに儲からない!?
　　　～円高が進むと現金回収額が落ちてしまう～
4−3 リスクの回避方法① ……………………… 50
　　　為替リスクはこれで解消！
4−4 リスクの回避方法② ……………………… 52
　　　デリバティブを駆使せよ！
4−5 為替レートの変動とヘッジ取引 ………… 54
　　　ヘッジは絶対か!?
4−6 メーカーズリスクとは …………………… 56
　　　為替リスクはどこにある？
COLUMN　為替市場は眠らない …………………………… 58

§5　輸出入取引の基本と会計処理 …………………… 59

5-1 輸出入とは ………………………………………… 60
　輸出入にはリスクが伴う

5-2 輸出入取引の条件① …………………………… 62
　当事者間の危険の範囲を決める

5-3 輸出入取引の条件② …………………………… 64
　当事者間の費用負担を決める

5-4 輸出入取引の条件③ …………………………… 66
　品質でトラブルが生じないようにする！

5-5 輸出入取引の条件④ …………………………… 68
　数量でトラブルが生じないようにする！

5-6 輸出入取引の条件⑤ …………………………… 70
　決済条件は，送金か，商品と引換か？

5-7 荷為替手形による決済 ………………………… 72
　輸出者・輸入者とも安心の決済方法

5-8 船荷証券とは …………………………………… 74
　船積書類のなかの最重要書類

5-9 輸出の会計処理 ………………………………… 76
　ポイントは売上計上時期

5-10 輸入の会計処理 ………………………………… 78
　仕上計上時期だけでなく，未着品の処理にも注意！

COLUMN　江戸時代の貿易の決済方法 ……………………… 80

§6 外貨建金銭債権債務等の換算 81

- 6-1 外貨建取引の範囲と性質 82
  外貨建取引の多くは為替変動リスクを負う
- 6-2 外貨建金銭債権債務の換算 84
  決算日には換算替えが必要
- 6-3 外貨建金銭債権債務以外の換算 86
  為替変動リスクに応じた期末処理がなされる
- 6-4 取引日に用いる為替レート 88
  合理的な基礎に基づいて算定された平均レートとは
- 6-5 決算日に用いる為替レート 90
  原則と容認がある
- 6-6 決済に伴い発生した損益の処理 92
  一取引基準と二取引基準
- 6-7 外貨建転換社債型新株予約権付社債の発行者側の会計処理 94
  処理すべきは新株予約権として？ 社債として？

COLUMN 実在した異常な為替レートの変動 96

§7 外貨建有価証券の換算 97

- 7-1 有価証券は4つに分類される 98
  保有目的によって会計処理が異なる
- 7-2 外貨建有価証券の決算日の処理① 100
  売買目的有価証券の場合
- 7-3 外貨建有価証券の決算日の処理② 102
  子会社株式及び関連会社株式の場合

7-4 外貨建有価証券の決算日の処理③ ………… 104
　満期保有目的の債券／額面で取得した場合

7-5 外貨建有価証券の決算日の処理④ ………… 106
　満期保有目的の債券／額面と取得原価が異なる場合

7-6 外貨建有価証券の決算日の処理⑤ ………… 108
　その他有価証券の性質

7-7 外貨建有価証券の決算日の処理⑥ ………… 110
　その他有価証券／株式の場合

7-8 外貨建有価証券の決算日の処理⑦ ………… 112
　その他有価証券／債券／額面で取得した場合

7-9 外貨建有価証券の決算日の処理⑧ ………… 114
　その他有価証券／債券／額面と取得原価が異なる場合

7-10 外貨建有価証券の評価額の引下げ ………… 116
　関係会社株式も決算日レートで換算する

7-11 外貨建転換社債型新株予約権付社債の
　　 保有者側の決算日の処理 ………………… 118
　転換後の性質により換算レートが異なる

COLUMN サムライ債とショーグン債 ………………… 120

§8　為替予約等の会計処理 ………………… 121

8-1 為替予約とヘッジ ………………… 122
　ヘッジ取引であればヘッジ会計をするわけではない！

8-2 為替予約の会計処理 ………………… 124
　独立処理の会計処理は？

8-3 ヘッジ会計の必要性① ……………… 126
独立処理で不都合が生じる場合

8-4 ヘッジ会計の必要性② ……………… 128
ヘッジ取引の意図を反映させるには？

8-5 ヘッジ会計の適用要件は？ ……………… 130
取引前と取引後の2回にわたりチェックされる

8-6 振当処理とは ……………… 132
ヘッジ対象とヘッジ手段を1取引のように扱う処理

8-7 振当処理の会計処理 ……………… 134
予約が先の場合は超簡単処理でもOK

8-8 包括予約の場合の振当処理 ……………… 136
ヘッジ対象とヘッジ手段はグループ別に対応させる

COLUMN 時限的に(!?)認められている振当処理 ……………… 138

§9 在外子会社の決算書の換算 ……………… 139

9-1 子会社の決算書の換算① ……………… 140
資産および負債に用いる為替レート

9-2 子会社の決算書の換算② ……………… 142
収益および費用に用いる為替レート

9-3 子会社の決算書の換算③ ……………… 144
純資産に用いる為替レート

9-4 のれんの換算方法 ……………… 146
超過収益力の性質に合った換算方法とは？

9-5 在外子会社の簿価修正をする場合 ……………… 148
資産側と純資産側で為替レートが異なる！

| 9-6 | 非支配株主がいる場合 ……………………… 150
純資産項目の按分
COLUMN　四半期はどう換算する？…………………………… 152

§10　為替換算調整勘定とは？ …………………… 153

| 10-1 | 為替換算調整勘定とは ……………………… 154
在外子会社財務諸表の換算差額のこと！
| 10-2 | 為替換算調整勘定の算定 …………………… 156
為替換算調整勘定は換算の貸借差額！
| 10-3 | 為替換算調整勘定はなぜ必要か？ ………… 158
為替換算調整勘定がないと投資の成果がわかりにくくなる！
| 10-4 | 為替換算調整勘定の変動が意味するもの … 160
動く方向で，円高・円安を読み取れる？
| 10-5 | 為替換算調整勘定と当期利益 ……………… 162
為替換算調整勘定は子会社の売却で当期利益に反映される！

§1

外貨建取引に会計ルールが必要なわけ

外貨建取引を行った場合は,「外貨建取引等会計処理基準」というルールに従って会計処理をすることが求められます。

外貨建取引に特別なルールが定められているのは,なぜでしょうか?

1−1 外貨建取引のいろいろ

外貨建取引は輸出入だけでなく，財テクや資金調達でも発生する

　外貨とは，自国以外の国の通貨のことです。日本でいうと，米ドルやユーロ，元やウォンなど，円以外の通貨のことをさします。

　売買価格や額面が外貨である取引のことを**外貨建取引**といいます。外貨建取引の代表例といえば輸出入（§5）でしょう。輸出や輸入とは，海外の国と商品やサービスを取引することです。異なる国同士では，通常，用いている通貨も異なり，決済は自国通貨，相手の国の通貨，ドル等の主要通貨でなされます。このうち自国通貨以外で決済される場合が，外貨建取引となります。

　輸出入を行っていなくても，財テクのために外貨預金や外貨建有価証券を保有する会社もあります。会社によっては，資金調達の手段として，外貨建ての借入れをしたり社債を発行する場合もあるでしょう。これらも外貨の交換を伴うため外貨建取引となります。

　輸出入を盛んに行う会社では，決済時の円貨を固定するために為替予約を組むこともあるでしょう。これは将来，円とドルを交換する取引であり，これも外貨建取引に含められます。

> 🔑 **Key Word　主要通貨**
> 　世界中の外国為替市場で取り扱われ，かつ取引量や市場参加者が多い通貨を主要通貨といいます。米ドル，ユーロ，円，英ポンド，スイスフランなどが主要通貨といわれています。このなかでも米ドルが圧倒的に取引量が多く，基軸通貨ともいわれます。

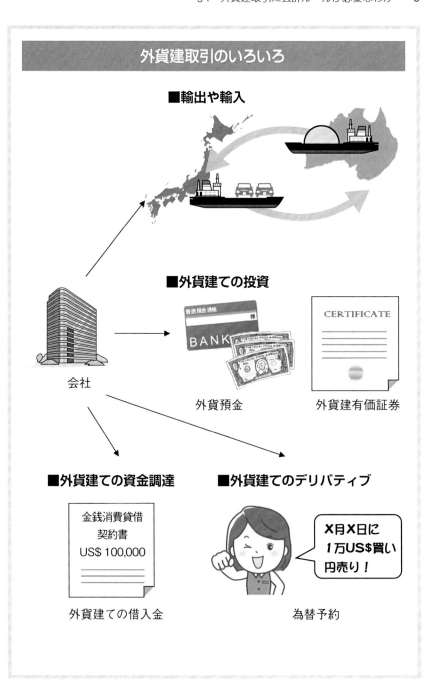

1-2 外貨の価値は変動する

為替レートが変動すると換算額が変わる！

　取引の記帳は，通常自国通貨で行います。日本の会社の場合は，円で記帳するので，外貨建取引の場合，**換算**という過程が必要となります。

　換算とは，ある数量を他の単位に換えて計算し直すことです。会計で換算というと外貨換算となりますが，身近な例だと単位（長さ，重さ，容量，等）の換算があります。2つの単位の比率である換算率を片方に乗じると，もう1つの単位に置き換えることができるということです。

■換算の例

単位1	単位2	換算率
マイル	km	1マイル＝1.609344km
ポンド	kg	1ポンド＝0.45359237kg
合	ml	1合＝180.39ml
US$	円	一定ではない

　上表のとおり，他の単位と異なり**外貨換算は換算率が一定ではありません**。これが外貨換算の特徴であり，面倒なところです。たとえば1万$で商品を売った場合で考えてみましょう。取引日の換算率（為替レート）が1$＝100円だと円相当額で100万円だったのが，決済日に1$＝90円となると手に入るのは90万円と，換算後の円の価値に変動が生じてしまうのです。

　この点が，自国通貨による取引と外貨建取引の大きな相違点です。

為替レートの変動で外貨の価値は変動する！

外貨建取引で生じた債権や債務は，為替レートの変動により，自国通貨での価値が変動する。

■自国通貨による取引の場合

100万円の売上で

請求書
ABC商事
¥1,000,000

　100万円

100万円が手に入る

■外貨建取引の場合

INVOICE
ABCCo., Ltd
US$10,000

　1万$

販売時直物レート：
1US$=**100**円
（**100万円相当**）

1万$入手しても，決済日レートが1US$=**90**円なら**90万円の価値**しかない

10万円損した!!

1-3 外貨建取引の答えは1つではない！

記帳ルールがないと困るわけ

　自国通貨による取引の場合，記帳額が問題になることはありません。つまり，100万円の商品を売れば，売上高は100万円と記帳されます。
　しかし外貨建取引の場合は，記帳額は1通りとは限りません。考え方の異なる4人が下記のように主張することも考えられます。

■1万$の商品を販売した場合の売上記帳額（円）についての4人の主張

Aさん	取引日の直物レート（100円/$）で換算し，1,000,000円で計上すべきだ。
Bさん	わが社は，社内レートを使っている。今月の社内レートは（103円/$）なので，1,030,000円で計上する。
Cさん	販売と決済を連続した1つの取引と考え，決済日の直物レート（95円/$）で換算し，950,000円で計上すべきではないか。
Dさん	取引前に為替予約（98円/$）をとっている。実質的に円転額は固定されており，980,000円で計上すればよいのではないか。

※直物レートについては§2-3参照。

　取引の記帳は自国通貨で行うので，外貨建取引については換算が必要ですが，換算率である為替レートが時間経過や契約締結により変動するので，記帳ルールを決めておかないと，統一した会計処理になりません。
　このため，「●●の場合は，△△の為替レートで換算する」「換算替えにより生じた変動額は，■■の科目で処理をする」といったルールを決める必要が生じてきます。このために決められたルールが**外貨建取引等会計処理基準**なのです。

会計基準では、売上高はA〜Dさんのいずれが正解？

外貨建取引等会計処理基準でA〜Dさんの主張は認められるのか？

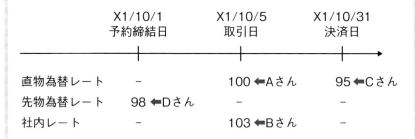

Aさん

取引日の直物レート：当然認められる（§6−4参照）。

Bさん

社内レート：社内レートが合理的な基礎に基づいて算定された平均レート、または、取引日の直近の一定の日における直物為替レートであれば認められる（§6−4参照）。

Cさん

決済時の直物レート：日本基準は二取引基準をとっているため認められない（§6−6参照）。

Dさん

事前に予約した為替予約のレート：ヘッジ要件を満たし、かつ振当処理の会計方針をとっている場合に限り認められる（§8−7参照）。

1-4 「外貨建取引等会計処理基準」の範囲

海外の支店や子会社の決算書等の換算ルールも設定!

　人件費を圧縮するため,もしくは原材料産地近くで加工することで物流費用等を圧縮するために海外に生産拠点を置く会社は多くあります。またマーケットに近いことや関税の問題から販売拠点を海外に置く場合もあります。

　こうした拠点は支店であったり,子会社であったりするのですが,海外拠点なので,試算表や決算書は通常,外貨建て(現地通貨または主要通貨)で作成されます。

　海外拠点が支店である場合は,決算書を作成するのに支店の試算表と本店の試算表の合算が必要です。そこで**支店の試算表を円建てに換算する必要**があります。

　海外拠点が子会社である場合は,親会社の個別の決算書には影響はありません。しかし一定の要件に該当する会社の場合,連結財務諸表という,グループベースの決算書を作成する義務があります。このグループベースの決算書の作成には子会社の決算書を合算しなければならないので,この場合も**子会社の決算書を円建てに換算する必要**があります。

　為替レートは変動するので,試算表や決算書の各項目(資産負債,純資産,収益費用)を「**いつの為替レートで換算するか**」によって,結果が異なってきます。そこで外貨建取引等会計処理基準では,「外貨建取引の換算方法」に加えて,「外貨建決算書等(子会社・支店)の換算方法」についてルールを定めているのです。

外貨建取引等会計処理基準が適用される範囲とは？

「外貨建取引等会計処理基準」

外貨建取引の換算方法
- 外貨建金銭債権債務等⇒本書§6で説明
- 外貨建有価証券⇒本書§7で説明
- 為替予約を付したヘッジ取引⇒本書§8で説明

外貨建の決算書等の項目の換算方法
- 在外子会社⇒本書§9で説明
- 在外支店

上記§以外では、外貨にまつわる以下のテーマを紹介するよ。
- §2 為替レートの基礎知識
- §3 為替相場はなぜ動く
- §4 外貨建取引のリスクとヘッジ
- §5 輸出入取引の基本と会計処理
- §10 為替換算調整勘定とは？

江戸幕府倒壊の一因となった為替レート問題!?

　黒船来航による開国後，日米修好通商条約で為替レートが定められました。当時の西洋では，金貨や銀貨の価値＝貨幣に含まれる金銀の含有量という考えで，メキシコ銀貨1枚につき一分銀3枚という為替レートとなりました。

　一方，日本国内と西洋では金銀の交換比率に大きな乖離がありました。日本では天保金貨3枚は一分銀12枚（メキシコ銀貨にして4枚相当）で交換できるのに，天保金貨3枚に含まれる金含有量はメキシコ銀貨12枚分と，約3倍の価値に相当したのです。そこで日本にやってきた西洋の商人は，メキシコ銀貨を一分銀そして天保金貨に替えるだけで，大儲けをすることができたのです。

　この結果，日本から金が大量流出し，江戸幕府は金貨の金含有量を減らすことにしました。ところがこれが国内のインフレをもたらし，江戸幕府倒壊の一因になったといわれています。今も昔も為替レートが経済に及ぼす影響は大きいものですね。

▼西洋の商人が行った両替による利益獲得手法

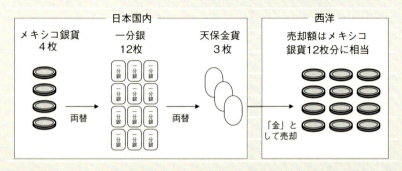

§2 為替レートの基礎知識

為替レートが動くと何が起こるのか？ 為替レートはどのように決められるのか？ ニュースや新聞で耳にしているようで，はっきりとわからない方も多いのではないでしょうか？
ここでは具体的な事例を交えながら，基本的な事項について説明します。

難しいことは考えずにまずは全体像を把握しよう！

2-1 円高とドル安

実録！過去10年で為替レートはこれだけ動いた

　異なる通貨を交換するときの比率を**為替レート**といいます。日本の場合，変動相場制（§2-7参照）をとっており，円の交換比率は一定ではありません。ドルなどの外国通貨に対して円の価値が高くなることを**円高**といいます。たとえば，為替レートが1＄＝100円から80円になると，"円高ドル安になった"といいます。今まで100円で買っていたジュースが80円で買えるようになったと考えれば理解しやすいでしょう。

　逆に，ドルなどの外国通貨に対して円の価値が安くなることを**円安**といいます。100円で買えたジュースを120円出さなければ買えなくなった状態です。

　ここで，過去10年のドルと円レート変動を振り返ってみましょう。

　アメリカの好景気や高金利などにより，2007年頃の為替レートは円安水準にありました。

　しかし，直後に起きたサブプライムローン問題を発端としたアメリカの景気後退やヨーロッパ金融危機などにより2012年頃まで円高に推移しました。その後，安倍政権の金融政策などに伴い，しばらくは円安に推移しましたが，2016年6月のイギリスのEU離脱が国民投票で支持されたこと等により再び円高に推移しました。

　このように，他国の景気や国内の政策など，さまざまな要因によって通貨の需給関係が影響を受け，為替レートが変動していることがわかります。

過去10年間の為替レート推移をみてみよう！ ところで，円高・円安って…？

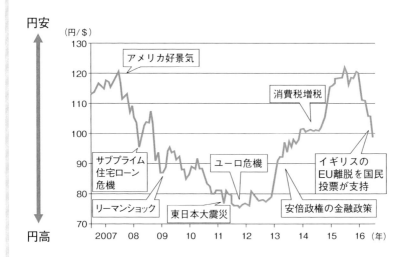

円高・円安とは？　たとえば1ドルのジュースを買うのに…

1＄＝100円では

 ＝ **100**円必要

1＄＝80円（**円高**）では

 ＝  **80**円で買える！
（円の価値が**上昇**）

1＄＝120円（**円安**）では

 ＝   **120**円必要！
（円の価値が**下落**）

2-2 換算における為替レートの重要性

換算後の金額が大きく変わる！　企業業績にも影響が…

　外貨建取引を記帳するには，外貨建ての取引金額を自国通貨に換算することが必要です。外貨建ての金額が一定でも為替レートが変動すると，円建ての金額が変わります。

　たとえば1万\$の輸出取引は，為替レートが1\$=100円から80円になると，回収額が100万円から80万円になり，20万円も目減りしてしまいます。このため，国内で製品を生産し外貨建てで海外に輸出する**輸出企業の場合，円高になると利益が大幅に減少**してしまいます。

　さらに海外に子会社を持つ会社の場合は，現地通貨で記帳された現地法人の決算書が円換算して取り込まれますが，円高になると，換算後の利益は減少します。

　右の新聞記事は，円高進行によるトヨタ自動車の減益予想を書いたものです。これによると，自動車の販売台数は増加予想なのに，減益が予想されています。これはトヨタ自動車が輸出企業であることに加え，海外現地法人の利益が円高下では目減りしてしまうことによります。

　輸出企業側も為替予約（§2-3参照）を締結したり，工場を海外に構えたりするなど，対策をしていますが，急な為替レート変動に対応するのは困難です。

　逆に**輸入企業の場合，円高だと仕入コストが小さくすみ有利，円安で不利**となります。会社業績に及ぼす為替レートの影響は大きく，注目する会社がどちらのタイプかということを念頭におくと，業績の理解もしやすいですね。

トヨタ今期4割減益

円高で9000億円超目減り

営業1.7兆円

円安を支えに利益を伸ばしてきたトヨタ自動車の業績が転換点を迎えた。11日発表した2017年3月期の見通しは本業のもうけを示す連結営業利益が1兆7000億円と前期比40%減る内容。営業減益は12年3月期以来、5期ぶりだ。初めからの円高進行が9千億円を超える減益要因となる半面、事業の基盤である自動車の販売台数は増加を見込む。（関連記事3面に）

決算発表する豊田社長（11日、東京都文京区）

東京都内で同日記者会見した豊田章男社長は円高を念頭に「今年に入り潮目が大きく（経営の）変わった」と述べた。営業利益の2兆円割れは4期ぶり。売上高は26兆5000億円と7%減、純利益は1兆5000億円と35%減る見通し。

最大の収益押し下げ要因は円高デメリット（3面きょうのことば）だ。この影響が減益額の8割を占める。

今期の想定為替レートは1ドル=105円、1ユーロ=120円と前期実績比でそれぞれ15円と13円の円高に設定。対ドルだけで6300億円、オーストラリアドルなどほかの通貨も含めると、為替相場の変動によって9350億円利益が目減りする。

本業の自動車販売は底堅い。今期のグループ販売台数は1015万台と前期比で5万6千台の増加を見込む。原油安の影響で中東などで販売が不振だが、国内販売が伸び、3期連続で過去最高を更新した。

アジアでの需要も回復するとみている。熊本地震の影響は業績予想に反映していない。将来の成長に向けた先行投資は継続する計画だ。

同時に発表した16年3月期決算は営業利益が前期比4%増の2兆8539億円、純利益は6%増の2兆3126億円と、なり、3期連続で過去最高を更新した。

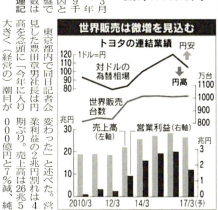

世界販売は微増を見込む
トヨタの連結業績

（出典：日本経済新聞2016年5月12日）

2-3 直物レートと先物レート

交換するのはいつ？ 今？ 将来？

為替レートは，通貨を交換するタイミングによって，**直物レートと先物レート**に分けられます。

直物レートは取引発生時の為替レートであり，資金の受け渡しが取引日から2営業日以内に行われる場合に使用されます。たとえば，今，決済に必要な円をドルに両替する場合には，直物レートが使用されます。

これに対し，**先物レート**は取引日の3営業日以降に資金の受け渡しが行われる場合に使用される為替レートです。たとえば，輸出を行い，決済期日が2ヶ月後の場合，取引時点では2ヶ月後の為替レートがいくらになるかはわかりません。そこで，2ヶ月後の為替レートを現時点で確定しておく場合があります。このときのレートが先物レートです。なお，このように2ヶ月後の為替レートでの外貨交換を現時点で"予約"することを**為替予約**といいます。

> **Check!　リスクヘッジとしての為替予約**
>
> 為替予約は為替リスクを避けるための手段として用いられており，輸出企業の「ドル売り（円買い）の予約」や，輸入企業の「ドル買い（円売り）の予約」などがよく行われています。
>
> なお，為替予約レートは，好き勝手に設定できるものではなく，予約の期日によって決定されます。一般に，現在の実勢レートに，金利を加味したレートが用いられます。

「今」交換する時は直物レート,「将来」交換する時は先物レート

■直物レート:ドルをすぐに円に両替したい場合の交換レート

■先物レート:2ヶ月後のドル建売買代金を円で確定したい場合の交換レート

2-4 外国為替市場で行われていること

外国為替ブローカーって何者!?

外国為替市場は，異なる通貨を交換する場の総称です。外国為替市場の取引は**インターバンク市場**（銀行間市場）と**対顧客市場**（§2-5）があります。一般に外国為替市場は，インターバンク市場を指します。

インターバンク市場における取引には，銀行間で直接行う方法と，外国為替ブローカー（外貨の売り手と買い手を取り次ぎ，双方から仲介手数料を得る業者）を通す方法の2つがあります。

外国為替ブローカーは長らく，**ボイスブローキング**という方法で売買の仲介を行ってきました。これは一堂に会した複数のブローカーが，直通回線でつないだマイクとスピーカーで担当銀行と条件をやりとりし，ブローカー間で情報共有するというものです。条件のやりとりの過程で売買条件が一致すると，その銀行の担当ブローカーが「買い」，または「売り」を宣言し，売買が成立します。

なお近年は，コンピューターが取引を仲介する**電子ブローキング**が台頭し，人が仲介するボイスブローキングの比率は少なくなったとのことです。

> **Check!** 東京外国為替市場は実在しない？
> 外国為替の取引手段には，当事者が集まって売買を行う取引所による取引と，通信による取引があります。東京外国為替市場では，外国為替ブローカーや外国為替銀行の代理人である日本銀行が通信により，外国為替の売買を行っており，物理的な「市場」は実在しません。

外国為替市場のしくみは2通りある！

■銀行間で取引を直接行う方法

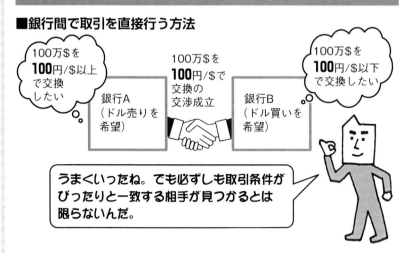

■外国為替ブローカーを通す方法

①売り注文を受けたブローカーが，条件を発表する

A銀行担当のブローカー

②他のブローカーが直通回線で銀行に売り条件を伝える。

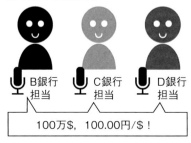

③買いたい銀行は、直通回線でブローカーに希望条件を伝える。

④売り条件と買い条件を一致した銀行担当のブローカーが買いを宣言する。

2-5 インターバンクレートと対顧客取引レート

TTS，TTB，TTMとは？

　私たちが日常的に目にする為替レートには，①銀行が顧客に対して**外貨を売る時のレート（TTS）**，②銀行が顧客から**外貨を買う時のレート（TTB）**，そして，③これらのレートの**元となるレート（TTM）**の3つがあります。

　TTM（仲値）は，インターバンクレート（§2-4）を元に，各金融機関が決定します。TTSとTTBはこのTTMを元に決定されます。

　TTSは銀行が顧客に対して**外貨を売る**時のレートですから，**TTM**に為替手数料（円を外貨に交換する手数料）を**加算**したレートになります。たとえばTTMが1＄＝100円の場合，TTSは，1＄＝101円（手数料1円を加算）となります。

　逆に，**TTB**は銀行が顧客から**外貨を買う**時のレートですから，**TTM**から為替手数料（外貨を円に交換する手数料）を**減算**したレートになります。たとえばTTMが1＄＝100円の場合，TTBは，1＄＝99円（手数料1円を減額）となります。

 Check! **TTMは小口の為替取引を対象としている**

　TTM（仲値）は，小口の為替取引を効率的に処理するために作られた制度であり，銀行が顧客に対して10万通貨単位（例：ドル）未満の外国為替取引をする際の基準レートとして定められています。

　10万通貨単位以上の外国為替取引の場合は，市場の実勢相場に基づき，銀行と顧客との間で個別に決められています。

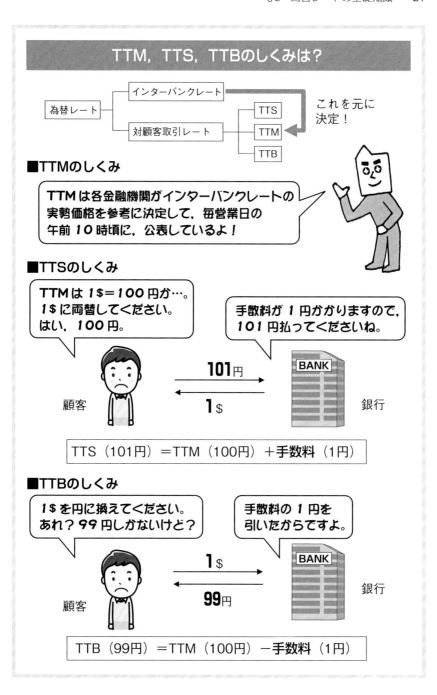

2-6 固定相場制のしくみ

為替レートは常に一定！

　為替レートを決めるシステムには，固定相場制と変動相場制があります。**固定相場制**は，為替レートを一定に固定し，変動しないようにするシステムです。固定相場制には1ドル当たりいくら，というように，ドルに対し為替レートを一定に保つ「ドルペッグ制」や，複数の通貨を選んで「バスケット」に入れ，それを1つの通貨と見立てて交換レートを算出する「通貨バスケット制」などがあります。

　為替レートの変動のない固定相場制では，為替での損得（為替差損・差益）が発生しません。このため，企業は商売を行う上で他通貨の強弱の影響を受けることはありません。

　しかし，為替相場維持のためには，連動させる通貨の国に金融政策を合わせなければならないという問題点があります。たとえば，ドルの金利が円より高いと，預金者はドルで預金したいと考えますから，相場は円安方向に動きます。このため，相場を一定に保つためには，ドル預金の魅力がなくなる水準まで，円金利を引き上げざるを得なくなります。一般に経済規模が大きい国では，国内経済の動向に応じて機動的に金融政策を行う必要性が高いため，固定相場制は不向きといえます。

　なお，中国などのように，為替レートの変動幅を一定の範囲に設定し，中央銀行や政府が通貨の売買を調整し，変動を意図的に抑えている国もあります。このようなシステムは**管理変動相場制**と呼ばれます。

　管理変動相場制では為替レートは変動しますが，変動幅は狭い範囲内に収まるように管理されるため，実質的に固定相場制に近いシステムです。

固定相場制と管理変動相場制をイメージしてみよう！

固定相場制だと…

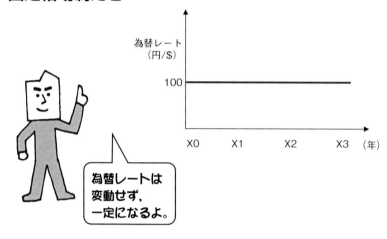

為替レートは変動せず，一定になるよ。

管理変動相場制だと…

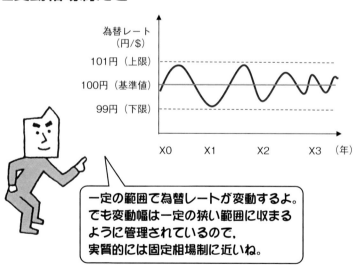

一定の範囲で為替レートが変動するよ。でも変動幅は一定の狭い範囲に収まるように管理されているので，実質的には固定相場制に近いね。

2-7 変動相場制のしくみ

為替レートは常に変動する！

　変動相場制とは，外国為替市場の需要と供給により為替レートを市場に委ねるシステムです。交換レートの変動は純粋に市場に委ねられているため，外国為替市場で行われる取引に基づき，日々変動します。

　米国やユーロ圏などで採用されているシステムは変動相場制です。日本はかつて，1＄＝360円の固定相場制を採用していましたが，現在は変動相場制を採用しています。外貨建取引を行う際には，為替レートの変動を意識する必要があります。

　外国為替市場で自国通貨の売りが増えれば，自国通貨の外国通貨に対する価値が下落し，逆に外国通貨の売りが増えれば，自国通貨の外国通貨に対する価値が上昇するというしくみになっています。

　たとえば，イギリスのEU離脱が国民投票で支持された際には，ポンドやユーロに投資している投資家は，それらの価値が下落すると考えて，早めに売却しました。その結果，ポンドやユーロに対し円の価値が上昇しました。さらに，一般に円は安全資産であると考えられていることから，引き揚げた資金で円を買う動きが強まり，ドルに対しても円の価値が上昇しました。

　しかし一方で，相場が急変した時は，中央銀行が市場に介入し，為替レートの操作を行う場合もあります。このため，"完全に自由な相場"とは言えない側面もあります。

変動相場制をイメージしてみよう！

変動相場制

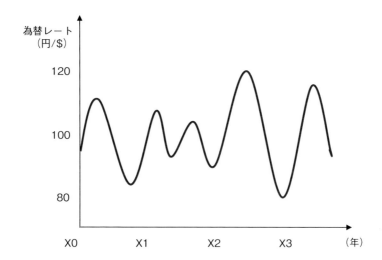

日本で採用されている制度はこの変動相場制さ。
固定相場制や管理変動相場制とは違って，
制限なく変動するよ！
過去10年のドル円レートを考えると，
1\$＝100円より高いが低いかが円高や
円安の目安になるかな？

為替レートが銀行により異なるわけ

　為替レートを調べると，同じ外貨でも銀行によって為替レートが異なっていることがありますが，なぜでしょうか？

　§2-5で説明したように，為替レートを決める要素としては，TTMと為替手数料があります。

　TTMは，東京時間の午前10時頃のインターバンクレートに基づいて決まります。しかし，TTMは銀行が外貨の売買状況を見極めながら，独自に判断し，決定しているため，銀行によって数銭から数十銭の差が出ることがあります。

　また，為替手数料は銀行間で必ずしも一定ではありません。下表のTTSとTTBからわかるように，米ドルの為替手数料は一般的に1.0円ですが，ニュージーランドドルは，みずほ銀行と三井住友銀行が2.5円なのに対し，三菱UFJ銀行は2.0円になっています（取引量が少ない外貨ほど為替手数料に差が生じがちです）。

　このように，各銀行のTTMの決め方，および為替手数料の違いの両方によって，為替レートが異なってくるのです。

2016年8月5日時点の為替レート（単位：円）

銀行	米ドル		ニュージーランドドル	
	TTS	TTB	TTS	TTB
みずほ	102.26	100.26	79.86	74.86
三井住友	102.26	100.26	79.89	74.89
三菱東京UFJ	102.27	100.27	79.36	75.36

※TTM=（TTS+TTB）÷2
※為替手数料=（TTS-TTB）÷2

§3
為替相場はなぜ動く？

毎日，ニュースで為替相場の動向が伝えられます。政治や経済，また戦争等，さまざまな理由で為替相場は動きます。
為替相場が変動するのはなぜか，何に影響を受けるのか，また逆にコントロールすることは可能なのかを考えてみましょう。

あれこれ考えても，相場はどうしようもできないのかなぁ。運を天にまかせるしかない！？

3-1 通貨の価値が変わるのは？

人気と流通量で価値が変わる

　為替相場とは，外国為替市場における通貨の交換比率のことです。つまり，為替相場が動くことは，通貨の価値が変わることを意味します。たとえば円の場合，価値が上がることを円高，下がることを円安といいます。

　通貨の価値は，何によって変わるのでしょうか？　じつは，モノやサービスにおける価格と同じで，**需要**（必要とされる数）と**供給**（提供される数）で決まります。価格（価値）と需要と供給の関係をきちんと説明しようとすると，それだけで本が一冊書けるぐらいのボリュームがあるのですが，ざっくりいうと，以下のような関係があります。

> ①需要が多い（人気がある）ほど，価格（価値）が上がる。
> ②供給が少ない（流通量が少ない）ほど，価格（価値）が上がる。

　通貨の価値が動くのも，モノの価格が動くのも，メカニズムは同じです。たとえば人気がある商品の値段が，何としても手に入れたいという人々により吊り上げられるとか，限定品・レアもので入手困難だと高値で取引されるといったことはよくありますよね。

　通貨の場合もこの①②が成立します。通貨の場合の"人気"とは，金利が高いとか，景気が良いとか，その国に投資したら儲かりそうとか，戦争やテロがなく平和であるとかといったことが，要因となります。

　では，次の節から，為替相場がどのようなことで変動するのか，また逆に乱高下をした場合，もしくは為替相場が適正な水準でない場合に，打つべき対策があるのかについて，考えてみましょう。

「通貨の価値」も「モノの価格」も，動くメカニズムは同じ！

モノの価格と，①需要（人気の有無）と，②供給（流通量）との関係は？

①人気の有無　　　モノの価格　　　②流通量

人気がある　　　価格は **Up**　　　流通量が少ない
　　　　　　　　円の場合は円高

人気がない　　　価格は **Down**　　流通量が多い
　　　　　　　　円の場合は円安

為替相場も，通貨が
「人気があるか，ないか」
「流通量が少ないか，多いか」で
変わるんだね。
どんな影響でこれらが変わるか
調べてみよう！

3-2 為替相場が動くとき①

金利が高い国の通貨の価値は高くなる

　通貨の"人気"を左右するものにはいろいろありますが，たとえば金利もその1つです。

■通貨による政策金利のちがい　　　　　　　　　（2016年8月2日現在）

通貨	国	政策金利（％）
ブラジルレアル	ブラジル連邦共和国	14.2%
トルコリラ	トルコ共和国	7.5%
ランド	南アフリカ共和国	7.0%
ドル	アメリカ合衆国	0.5%
円	日本	0.1%

　金利が高い通貨は，投資対象として魅力的で，人気が高くなります。逆に金利が低い通貨は，人気が下がります。結果として，高金利通貨の価値が押し上げられ，低金利通貨の価値が押し下げられます。

金利が高い ➡ 人気が高くなる ➡ 需要が多くなる ➡ 価値が上がる
金利が低い ➡ 人気が下がる ➡ 供給が多くなる ➡ 価値が下がる

Check!　金利はどうやって決まるのか？

　金利の調整は，中央銀行（日本の場合は，日本銀行）が行います。たとえば金利を下げたい場合は，市中銀行が保有している債券を買い取ることにより市中の資金量を増加させます。市中銀行は資金を眠らせるわけにいかないので，利息を下げ借入需要を上げるのです。逆に金利を上げたい場合は，中央銀行保有の債券を売却し，市中の資金量を減少させます。

§3 為替相場はなぜ動く？

為替相場に影響を与えるもの① 金利

ドルの金利が円より高い場合
➡ ドル建預金をするために，
　円をドルに交換したい人は **多い**

外貨預金キャンペーン
X0年1月1日〜3月31日

米ドル

年 **0.5** %

円定期より0.4%お得!!

「少しでも利息が多く
もらえるほうがいいわ！」

ドルの需要が高まる（相対的に円の需要が低くなる）とそれぞれの価値は…

 価値は **Down**

  価値は **Up**

需要が多いドルの価値が上がり，需要が少ない円の価値が下がる（円安ドル高）。

「人気が高い通貨は
価値が高くなり，
人気がない通貨は
価値が低くなるんだね！」

3-3 為替相場が動くとき②

景気がいい国の通貨の価値は高くなる

「**景気**」とは，経済活動の勢いのことです。つまり，好景気とは経済活動に勢いがあり金回りが良い状況，不景気とは経済活動に活気がなく金回りが悪い状況です。この景気も為替相場に影響を与えるものの1つです。

> A 好景気の国に一般的に生じる事象
> A-1 企業の利益が大きくなり，設備投資や新規ビジネスへの投資が増加。
> A-2 社員の給与・賞与が増え，個人の消費も増加。
> A-3 さらなる好循環により企業の利益が大きくなる。
> A-4 海外企業の進出，好景気の国の株式購入意欲が上昇。
>
> B 不景気の国に一般的に生じる事象
> B-1 企業の利益が小さくなり，新規設備投資等を控える。
> B-2 社員の給与・賞与が伸び悩み，個人の消費も停滞。
> B-3 さらなる悪循環により，企業の利益が小さくなる。
> B-4 自国企業の他国への進出，不景気の国の株式売却意欲が上昇。

つまり，好景気の国は投資対象として魅力的ということです。投資のためには，その国の通貨との交換が必要（需要が増える）となり，通貨の価値が上がります。逆の理由で，不景気の国の通貨の価値は下がります。

為替相場に影響を与えるもの② 景気

好景気の国の通貨が買われるスキームとは？

A-1 企業業績上昇
→設備投資や新規ビジネスにより，さらなる業績アップが図られる

A-2 社員の給与・賞与増加
→個人の消費増加

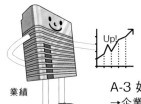

業績

A-3 好循環が生じる
→企業の利益が増加

A-4 好景気の国に投資（その国の会社の株式を買う，その国に進出をする等）をする動きが加速し，**景気が良い国の通貨の需要が増える。**

好景気の国
（例：日本）
日本企業
株券
海外企業
進出資金のために円が買われる
好景気の国の株式を買うために円が投資家に買われる

好景気の国の通貨の需要は増え通貨が高くなるんだ。
不景気の国は，その逆だね！

3-4 為替相場が動くとき③

貿易収支・サービス収支と為替相場の関係は？

　貿易は異なる国同士でモノやサービスの取引をすることです（§5参照）。通常，国が異なると通貨も異なるので，貿易に伴い，通貨の交換が必要となります。

　たとえば日本の会社が海外の会社とドル建ての取引をする場合で考えてみましょう。輸出をすると，代金がドルで入ってくるので，そのドルを円に換える必要が生じます。輸入をすると，代金支払いのために円をドルに換える必要が生じます。

　通貨は需要が大きいほど価値が上がるので，輸出と輸入のバランスで通貨の価値がこのように変わります。

```
輸出＞輸入  ⇔  円の需要＞ドルの需要  ⇔  円の価値が上がる（円高）
輸出＜輸入  ⇔  円の需要＜ドルの需要  ⇔  円の価値が下がる（円安）
```

　モノの輸出入の差のことを**貿易収支**，国際間のサービス取引の収支を**サービス収支**といいます。これらの合計の収支が黒字だと円高に，赤字だと円安になるということです。

> **Check!　サービス収支の例**
> サービス収支には，旅行や輸送，金融，知的財産権使用料等の収支があります。具体的には，国際貨物や旅客運賃，訪日外国旅行者や日本人海外旅行者の宿泊費・飲食代，日本と海外の間での証券手数料，特許権・著作権等があります。

為替相場に影響を与えるもの③　貿易収支とサービス収支

貿易収支・サービス収支によるお金の流れ

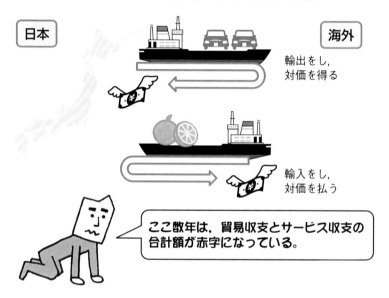

ここ数年は，貿易収支とサービス収支の合計額が赤字になっている。

日本の貿易収支及びサービス収支の推移（出典：財務省HP国際収支総括表）

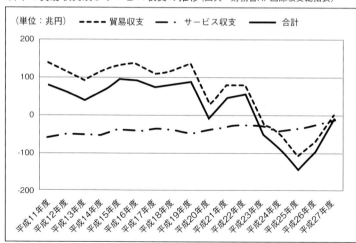

3-5 為替相場が動くとき④

地政学的リスクや要人発言にも注意！

　為替相場の変動には**地政学的リスク**も大きな影響を及ぼすといわれています。**地政学的リスク**とは，戦争やテロ，財政破綻等のリスクのことです。投資家や企業は，地政学的リスクがある地域の投資や商取引には消極的になります。そこでその国の通貨の需要が下がり，価値が落ちます。たとえば，2016年6月にイギリスのEU離脱が国民投票で支持された際は，1時間でポンドが27円下がりました。

　また，国の経済政策に影響を与える**要人の発言**が為替相場を動かすこともあります。たとえば景気の動向，為替相場や金利の見解等，一言二言の発言により，「何らかの政策がうたれるらしい」「中央銀行の為替介入があるかもしれない」という憶測から，通貨が大幅に売り買いされるのです。

　こうした地政学的リスクや要人発言は，ニュースが流れた後，数十分といった短時間で大きな為替変動を招くことがあります。為替取引を行ううえでは，要注意ですね。

 Check!　季節も為替レートに影響を与える!?

　季節が為替相場の変動に影響を及ぼす場合もあります。たとえば，ゴールデンウィークは海外旅行をする人が円を外貨に換えることから円安に振れやすい傾向にあります。また3月頃は，3月決算会社が，決算前に外貨の利益を確定するため，外貨資産を売り，円高になる傾向もあるといわれています。

為替相場に影響を与えるもの④　地政学的リスクや要人発言

戦争やテロが起こる

2003年イラク戦争や2001年の9・11アメリカ同時多発テロの際は，先行き不透明感からドルが売られ，ドル安となった。

経済に関する懸念事項が発生する

イギリスの国民投票で EU 離脱派が勝利

イギリスのEU離脱に関する国民投票で，離脱派が勝利すると，イギリス経済の先行き不安より，ポンド安となった。

外国為替市場

要人の発言

実質実効ベースであると，円安になっているのは事実。…実質実効為替レートでここからさらに円安はありえそうにない。

2015/6/10の黒田日銀総裁の発言で，たった16分で1＄=124円台から122円台に急落した。日本だけでなく，各国の要人の発言でも為替相場は動く。

3-6 為替相場は操作できるのか？

日銀の為替相場への介入とは!?

　為替相場の過度な乱高下は，経済に悪影響を及ぼします。そこで変動のスピードを緩める，または為替相場を適正な水準に維持するために中央銀行（日本の場合は，日本銀行）が為替相場に介入することがあります。日本では，財務大臣が権限を持っていますが，実務的には財務省から委託を受けた日本銀行が実施するため，「**日銀介入**」といわれています。

■外貨売り円買い介入（円高に誘導する）
　日本銀行が保有するドルを売却し，円資金を民間から吸い上げる。これにより，為替相場は円高に誘導される。

■円売り外貨買い介入（円安に誘導する）
　日本銀行はあらかじめ円資金を調達する必要がある。日本銀行が国庫の一時的な資金不足を補うために発行する「**政府短期証券（FB）**」によって円資金を調達する。調達した円資金を売却して，ドルを買い入れる。これにより，為替相場は円安に誘導される。

 Check!　外国為替資金特別会計
　政府が円滑かつ機動的に外貨の売買ができるように設置した特別会計を外国為替資金特別会計といい，一般の歳入や歳出とは区別しています。平成27年3月末時点で，外貨証券を主とする資産は約158兆円，円売り介入の資金を集めるために発行した短期国債等より成る負債が122兆円あります。

為替相場は操作できるのか？

右は，円が戦後最高値となり，日銀介入が行われたときの為替相場の推移だそうだ。

日銀介入（2011/10/31）の為替相場の推移
79円52銭
約8兆円の介入で4円近く円安になった！
75円57銭

円高へ誘導したい場合の介入方法 ➡ 外貨を売って，円を買い戻す

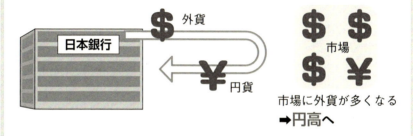

市場に外貨が多くなる
➡ 円高へ

円安へ誘導したい場合の介入方法 ➡ 円を売って，外貨を買い戻す

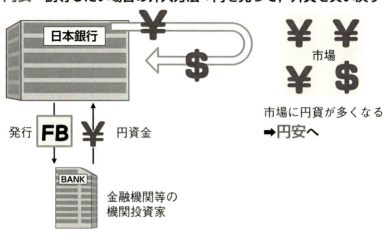

市場に円貨が多くなる
➡ 円安へ

発行 FB　円資金
金融機関等の機関投資家

3-7 先物レートは何で決まる？

直物レートと金利に影響を受ける

これまでどのような場合に為替レートが変わるのかを説明してきました。じつはこれは，直物レートの変動要因です。為替レートには直物レート（今，両替する場合のレート）のほか，先物レート（将来のある時点に両替する場合の為替レート）があります（§2-3）。

では，先物レートはどのように決まるのでしょうか。**先物レートは，直物レートと金利に影響を受ける**のです。円とドルの場合で考えてみましょう。

【例】直物レートは1＄＝100円と仮定する。
・手元資金　10,000円
・円預金　　金利1％（年間）　　・ドル預金　金利10％（年間）

上記の例で考えてみましょう。円で運用した場合には，1年後に10,000円が10,100円になります（10,000円×1.01＝10,100円）。

一方，ドルで運用するには，まず，ドルへの交換が必要です。直物レートが100円/＄であれば，10,000円＝100＄であり，1年後に110＄になります（100＄×1.1＝110＄）。

これは誰でもできることなので，両者は等価値となるはずです。したがって1年後の110＄＝10,100円という式が成立します。1＄あたりに直すと，1＄＝91円81銭となり，これが1年後の先物レートになります。

先物レートは，直物レートと2国間の金利で決まる!?

【円で運用する場合】
10,000円でスタート

10,000円

【$で運用する場合】
100$（10,000円÷100円/$）
でスタート

100$

年利
1%
で運用

1年後

年利
10%
で運用

10,100円

10,000円
100円

110$

100$
10$

1年後の10,100円と110$は等価値となるはずなので，
10,100円＝**110**$…
つまり，1ドル＝91円81銭となるんだ。
先物為替レートは，直物為替レートと2つの通貨の金利差で決まるんだね！

3-8 実需マネーと投機マネー

実需筋、投機筋の割合は？

　外国為替市場を動かしているのはどのような層なのでしょうか。外国為替市場の担い手には2つあります。実需マネーと投機マネーです。

　実需マネーとは、**実需筋**による資金、**投機マネー**とは**投機筋**による資金のことです。では、**実需筋**と**投機筋**とはどのようなことをいうのでしょうか。

> ■実需筋
> 　取引に必要な外貨を交換するための市場参加者を実需筋という。たとえば輸出入や海外展開のために外貨の両替を必要とする企業、海外旅行のために日本円を外貨に換える個人が実需筋となる。
> ■投機筋
> 　投機目的で外貨を交換するための市場参加者を投機筋という。利ザヤを得るために短期的に繰り返し為替取引を行うような企業やFX取引を実施している個人投資家が投機筋となる。

　では、**実需マネー**と**投機マネー**のどちらが外国為替市場を動かしているのでしょうか。

　外国為替市場には、投機マネーが大量に流れこんでいます。資金流入量は、一般に**実需筋が1〜2割**で**投機筋が8〜9割**といわれています。

　つまり、**投機筋**が外国為替市場で圧倒的な影響力を持ち、為替相場を動かしているのです。

§3 為替相場はなぜ動く？ 43

為替相場に影響を与えるもの⑤ 投機筋と実需筋

投機筋（金融機関や個人投資家）

投機筋が為替相場を動かしている。

↓ 8〜9割

外国為替市場

↑ 1〜2割

実需筋の影響は1〜2割！

実需筋（輸出入を行う会社や海外旅行者）

マイナス金利と為替相場

　日本銀行（以下，日銀）は，2016年1月29日にマイナス金利政策の導入を決定しました。民間金融機関はこれまで日銀に預金をすると原則として0.1％の金利を受け取ることができました。ところが，2016年2月16日以降は0.1％の利息を日銀に支払うことになりました。

　民間金融機関は，貸出しによる利息や有価証券の運用等で利益を得ていますが，マイナス金利の導入前は，お金が余ると日銀に預け入れていました。わずかな利息ですが安全確実だからです。でもこれだとお金が市場に十分に循環せず，景気に悪影響となります。

　ところが金利がマイナスであれば，日銀に預金をすると金利を払うこととなります。それよりは貸出しや有価証券の運用をした方が，効率よい資金の運用となります。その結果，消費や設備投資が喚起され，景気が上向くことがマイナス金利のねらいです。

　日本の金利が低下すると，理論的には円安になります（§3-2）。ただし，今回のマイナス金利導入による為替レートの変動は，限定的なものでした。これは世界経済の先行き不透明感などといった別の要素の影響であるといわれています。

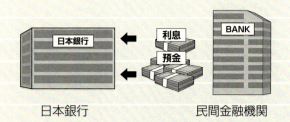

▲預金をする側が利息を払う！

§4
外貨建取引の
リスクとヘッジ

外貨建取引には為替変動リスクが伴います。§4では，外貨建取引を行う場合，円高および円安それぞれの場合において，具体的にどのようなリスクにさらされるのかを説明するとともに，このような為替リスクを解消する方法を紹介しています。

4-1 円安進行によるリスク

ある輸入小売業者の憂鬱〜輸入品の仕入値が1.5倍に！〜

　□△商事は，アメリカから家具を仕入れ，日本で販売を行っている会社です。若い世代からシニアまで幅広い層に受け入れられる商品ラインナップを有し，価格も日本製に比べ安いため，ここ数年増収増益を達成してきました。リーマンショック後の数少ない勝ち組企業であり，周りの会社からうらやましがられ，社員も鼻高々でした。

　その後，為替が1＄＝80円から120円へと円安へ進行していきました。これまで1,200円で1点15ドルの家具を仕入れることができましたが，同じものを1点仕入れるのに1,800円必要となりました。

　値上げすればこれまで通りの利益を確保できると考えていましたが，値上げした同業他社において顧客離れが生じているのを目の当たりにし，経費削減を追求することで黒字を目指しました。しかしながら，急激な円安によって仕入価格が1.5倍になってしまったため，経費を半減させた企業努力もむなしく，結局赤字になってしまいました。

 Check!　為替レートってどれくらい変動するの？

　2000年から2015年の間で円とドルの為替レートの最高値と最低値の1年間の差額を見てみると，最も変動幅が大きかったのが，2008年の22円，最も小さかったのが2015年の9円でした。平均しても1年間で15円は変動しています。

円安進行によるリスク（□△商事の場合）

■前提

	円高時	円安時
為替相場	80円/$	120円/$
仕入価格	15$/個	15$/個
販売数量	10万個	10万個
販売価格	1,900円	1,900円
販管費	30,000千円	15,000千円

■為替相場と会社の利益

（単位：千円）

	円高時	円安時
売上	(*1) 190,000	(*1) 190,000
売上原価	(*2) ▲120,000	(*3) ▲180,000
販管費	▲ 30,000	▲ 15,000
利　益	40,000	▲ 5,000

(*1) 1,900円×10万個
(*2) 15/$/個×10万個×80円/$
(*3) 15/$/個×10万個×120円/$

円高の場合、仕入価格が抑えられ、多くの利益が確保できた。

円安の場合、仕入価格が高くなったため、赤字となってしまった。

4-2 円高進行によるリスク

忙しいのに儲からない!?
〜円高が進むと現金回収額が落ちてしまう〜

×○株式会社は自動車部品を国内で製造し，主に国内で販売している会社です。将来の国内需要の頭打ちに備え，販売先を国内から海外へシフトする必要があることを認識しており，わずかながらアメリカでの取引を行っていましたが，同業他社でアメリカに拠点を置くABCカンパニーがあまりにも巨大であり，なかなかうまくいきませんでした。

ある年，ABCカンパニーの製品に不具合があることが見つかり，品質に信頼がある×○株式会社への注文が殺到しました。注文に対応するため，それまでの工場は2交代制であったものを3交代制・24時間稼働とし，結果アメリカでの販売数量は30％増加しました。

社長は従業員ががんばっていることから，利益の一部を特別賞与として従業員に還元しようと思い，経理部長にいくら儲かったのか確認しました。経理部長からは「決算で換算処理をしたところ，急激な円高が進んだ結果，多額の為替差損が発生してしまいました。海外からの受注は赤字になりましたので，特別賞与の支給は難しいと思います。」と何とも意外な回答があり，結局，支給を見送らざるを得ませんでした。

期末における評価替え
決算期末に保有している外貨建ての債権債務は，期末時の為替レートで評価しなおす必要があります。円高局面で期末を迎えた場合，債権はマイナス，債務はプラスの影響となります。円安局面ではその逆となります。

販売量はふえているのに，赤字になってしまう例

10$/個で300千個販売。製造原価は1,000円/個。
為替レートは以下の通り。
　販売時：1$=120円，決算時：1$=80円

■輸出した商品にかかる損益

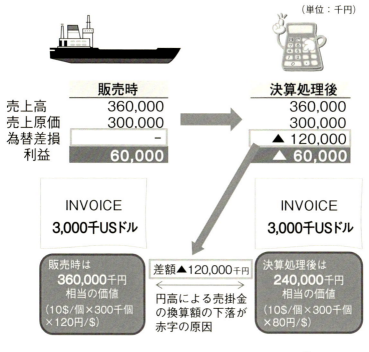

黒字のはずが決算処理で一転赤字に！

（単位：千円）

	販売時	決算処理後
売上高	360,000	360,000
売上原価	300,000	300,000
為替差損	-	▲120,000
利益	60,000	▲60,000

INVOICE 3,000千USドル

INVOICE 3,000千USドル

販売時は **360,000千円** 相当の価値
（10$/個×300千個×120円/$）

差額▲120,000千円
円高による売掛金の換算額の下落が赤字の原因

決算処理後は **240,000千円** 相当の価値
（10$/個×300千個×80円/$）

決算処理で，売掛金を換算し直したら，円高により，回収予定額が下がってしまった…。

4-3 リスクの回避方法①

為替リスクはこれで解消！

　円安であれ円高であれ、外貨建取引を行う限り、為替相場変動のリスクから逃れることはできません。海外企業との取引を行いつつ、為替リスクを回避する方法はいくつか考えられます。

方法	具体的な内容	欠点
円建てで取引	取引先との契約を交渉により外貨建てではなく、円建てにする。	相手があることなので、全ての取引を円建てにすることは困難。
保有している債権・債務と反対の債権・債務を取得	外貨建債権がある場合には外貨建ての債務を、外貨建債務がある場合には外貨建ての債権を、といった具合に反対のポジションの外貨を保有し、影響を相殺する。	網羅的な対応は簡単ではない。
回収した外貨を円転しない	決算日に換算替えするが、為替相場が回復するまで外貨のまま保有し、為替相場が有利になった時に円転する。	先送りすることにより、損失が拡大する可能性あり。

§4 外貨建取引のリスクとヘッジ 51

為替リスクを回避するには…

為替リスクは当事者の**どちらかが負担**しなければならない

為替リスクを負担しなければならなくなった場合の解消方法

同額の債権債務を保有
⇒相場変動による損と益が一緒で
プラスマイナスゼロ！

円転しないで**待つ！**
⇒為替相場は好転するはず！

4-4 リスクの回避方法②

デリバティブを駆使せよ！

§4-3で紹介した「円建てで取引」「保有している債権・債務と反対の債権・債務を取得」「回収した外貨を円転しない」のいずれのリスク回避方法も，限界があります。ここでは，為替リスクを回避する他の手段としてデリバティブを紹介します。

為替リスクをヘッジするデリバティブとしては主に3つの手法が利用されています。

手段	説明
為替予約	将来の一定時点の為替レートを，契約時に「**固定**」する取引
通貨スワップ	将来の一定期間に一定条件のもと，取引相手と保有している通貨を「**交換**」する取引
通貨オプション	オプション料を支払うことで，将来の一定期間に一定条件のもと，契約時で定めた条件に基づいて，為替レートを固定したり通貨を交換したりする取引を実行する「**権利**」を入手

> 🔑 **Key Word** ヘッジ取引
> 将来の損失の発生を回避または減少させるために行われる取引で，今あるリスクとは逆のリスクを負うことによってリスクを相殺する，または将来の価格変動を現時点で確定してしまうことでリスクを固定化する取引のことです。

§4 外貨建取引のリスクとヘッジ 53

デリバティブでリスクヘッジ！

今の為替レートは120円/\$だけど，1ヶ月後には80円/\$になりそうだな。110円/\$でリスクヘッジしよう！

「**為替予約**」で，保有している債権100\$の価値は11,000円で「**確定**」して，リスク回避！

「**通貨スワップ**」で，保有している債権100\$と11,000円を「**交換**」してリスク回避！

先が読めず，いいとこ取りしたい場合は…

今の為替レートは120円/\$だけど，1ヶ月後にはどうなるか全くわからないな。110円/\$でリスクヘッジしよう！

「**通貨オプション**」で1ヶ月後の直物レートが110円/\$未満なら「**権利行使**」，110円/\$以上なら「**権利放棄**」！

4-5 為替レートの変動とヘッジ取引

ヘッジは絶対か!?

　§4-4で紹介したように，デリバティブを駆使して為替リスクを回避することができますが，そもそもヘッジは万能なのでしょうか？　ここではヘッジを行う場合の損益への影響を見ていきましょう。

手段	デメリット
為替予約	為替予約時に適用される為替レートが決定される結果，取引金額も確定されてしまうため，仮に為替レートが有利に働いても，その恩恵を受けられない。
通貨スワップ	通貨スワップ契約時に交換する金額が確定されてしまうため，為替予約同様，為替レートが有利に働いても，その恩恵を受けられない。
通貨オプション	オプション料を支払う必要がある。実行日に有利と判断されればオプションを行使し，不利と判断されればオプションを放棄する。

🔑 Key Word　ヘッジ会計

　ヘッジ会計とは，ヘッジ対象（たとえば外貨建売掛金）とヘッジ手段（たとえば為替予約）に係る損益を同じタイミングで認識することで，ヘッジの効果を会計に反映させるための会計処理を言います。詳しくは§8で説明します。

何もしない vs 為替予約 vs 通貨オプション

会社は製品を100$で販売した。為替リスクを回避するために、為替予約にするか、通貨オプションにするか検討を行っている。
- 販売時の為替レート：1$＝120円
- 為替予約レート：1$＝110円
- 通貨オプションの行使レート：1$＝110円，オプション料：1,500円

■決済日の為替レートが1ドル80円だった場合の回収額

	適用レート	回収額	結果
何もしない	80円/$	100$×80円/$＝**8,000円**回収	3
為替予約	110円/$	100$×110円/$＝**11,000円**回収	1
通貨オプション	行使が有利のため110円/$	100$×110円/$＝11,000円からオプション料1,500円を控除すると，実質**9,500円**回収	2

■決済日の為替レートが1ドル120円だった場合の回収額

	適用レート	回収額	結果
何もしない	120円/$	100$×120円/$＝**12,000円**回収	1
為替予約	110円/$	100$×110円/$＝**11,000円**回収	2
通貨オプション	行使しない方が有利のため120円/$	100$×120円/$＝12,000円からオプション料1,500円を控除すると，実質**10,500円**回収	3

レートが変わると，回収できる金額の順位が変わるんだね。
絶対的に一番いいというものはないんだね。

4-6 メーカーズリスクとは

為替リスクはどこにある？

輸出入を行うにあたり，海外企業と直接取引をするのではなく，商社を通す場合があります。一般的には，商社は，品代に手数料を上乗せする代わりに，為替リスクを負担します。しかしこの為替リスクを，取引者である商社ではなく，メーカーが負担する場合があります。これを**メーカーズリスク特約**といいます。

メーカーズリスク特約を含む契約を締結した場合，自社で為替リスクを負担することになりますので，会計処理も通常の外貨建取引と同じ処理を行うことになります。

【具体例】

会社は商社から8,000千円で原材料を仕入れた。取引にあたり会社と商社はメーカーズリスク特約（想定為替レートは1＄＝80円とし，決済日の実際為替レートとの差額に外貨建相当額（100千＄）を乗じた額を精算する）を締結した（決算日：100円/＄，決済日：120円/＄）。

■取引日 (単位：千円)

（借）仕入	8,000	（貸）買掛金	8,000

■決算日

（借）為替差損益	(＊1) 2,000	（貸）買掛金（未払金）	2,000

■決済日

（借）買掛金	8,000	（貸）現預金	12,000
（借）買掛金（未払金）	2,000		
（借）為替差損益	(＊2) 2,000		

(＊1)　（100円/＄－80円/＄）×（8,000千円÷80円/＄）
(＊2)　（120円/＄－100円/＄）×（8,000千円÷80円/＄）

メーカーズリスクによる為替リスクの負担場所

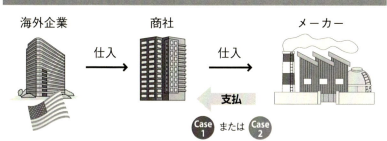

この取引において為替差損が4,000千円（2,000千円＋2,000千円）発生しているが…

 メーカーズリスク特約がない場合

請求書
原材料費　8,000千円
支払総額　8,000千円

通常の円建取引と変わらないね！

 メーカーズリスク特約がある場合

請求書
原材料費　8,000千円
メーカーズリスク負担額　4,000千円
支払総額　12,000千円

特約にしたがって、為替相場の変動分を負担しなければならなくなってしまった…。

為替市場は眠らない

　FXという言葉を聞いたことがあるでしょうか？　FXとは「Foreign Exchange」の略で，保証金を差し入れ，差金決済による通貨の売買を行う取引（外国為替証拠金取引）のことをいいます。インターネットの普及にともない，FXが身近なものとなっていることから，取引をする人も増えていて，FXを取り扱う専門業者も100社近くあるようです。

　為替取引は世界中のあらゆるところで行われていて，それぞれの取引時間がずれているため，24時間売買することが可能です。この点，株式取引の場合，たとえば東京証券取引所の取引時間は9:00から15:00ですので，ある会社の株を買いたい・売りたいと思っても，その時間内でなければ通常取引することはできず，自分がベストと思った時点で売買することはできません。FXの場合は，日本以外の国でも取引が行われており，時間の制限がありませんので，たとえばドルを買いたいと思えば，いつでも好きな時に取引を行うことができます。その半面，休むことなく相場は動いているため，寝ている間に損失が大きく膨らんでしまうというのもよくある話です。

　一説によるとFXで利益を得られる確率は10％とも20％ともいわれ，勝てる確率は決して高くないようです。また，差し入れた保証金以上の取引を行うことができるので，自分の負えるリスクを把握した上で，取引を行う必要がありそうですね！

§5

輸出入取引の基本と会計処理

　輸出入取引は遠隔地であること，異なる文化の国間の取引であること等から，国内取引と異なる部分があります。どのような点が特異的か，またそれに伴う特徴的な会計処理を考えてみましょう。

輸出入を知らずして外貨建取引を語るなんてナンセンスさ！

5-1 輸出入とは

輸出入にはリスクが伴う

　輸出入とは，ある国と別の国との間で行われる商品やサービスの売買のことで，外国に対して販売する取引を輸出，外国から仕入をする取引を輸入といいます。異なる国間であること，遠隔地との取引であることから，輸出入取引には，さまざまなリスクがあります。

① 取引先の信用リスク
　　取引先が遠方で，国が異なる輸出入取引では，相手の誠実性，生産能力，財務状況などを把握しづらく，契約履行に関するリスクを伴います。また輸出取引の場合には代金回収リスク，輸入取引の場合には商品の品質や納期遵守についてもリスクがあります。
② カントリーリスク
　　取引先の国の紛争，政治，経済情勢等で，取引が中止されるリスクを伴います。
③ 貨物の損傷リスク
　　輸出入取引は，取引先が遠隔であるため，飛行機や船といった運送手段を多く用います。また一般取引より引渡しまでの期間が長い傾向があります。このため運送または保管中に貨物が損傷するリスクがあります。
④ 為替変動リスク
　　商品の取引価格，運賃，保険料などを外国通貨で取り決めた場合，為替変動リスクを伴います。

輸出入取引に伴うさまざまなリスク

①取引先の**信用リスク**

信頼できる会社か否かの判断材料が国内会社に比べ乏しく、信用リスクが大。

②**カントリーリスク**

取引先の紛争等があると、取引ができない、または中止となるリスクがある。

輸出入取引はさまざまなリスクを伴うため、注意が必要だね！

③貨物の**損傷リスク**

運搬・保管中に貨物の損傷・紛争リスクが国内取引より大。

④**為替変動リスク**

Invoice
$1,000,000

取引通貨が外貨の場合、円建金額が決済まで確定せず、リスクが生じる。

5-2 輸出入取引の条件①

当事者間の危険の範囲を決める

　輸出入取引はさまざまなリスクが伴うため，取引条件を明確にする必要があります。主要な取引条件に，**受渡条件（§5-2）**，**価格条件（§5-3）**，**品質条件（§5-4）**，**数量条件（§5-5）**，**決済条件（§5-6）**があります。特に受渡条件と価格条件に関しては，当事者の危険の範囲や費用負担を明確にするために**インコタームズ**が制定されています。

　受渡条件とは，商品の受渡場所（どこで），受渡時期（いつ），受渡方法（どのように）を定めることをいいます。「受渡し」は，単に商品の移動だけではなく，危険（リスク）も移転することを意味します。

　このうち，受渡場所に関しては，輸出者と輸入者の危険の範囲が定まるため最も重要となります。たとえば，受渡場所を輸出者側の港の本船渡しとしている場合，船積時点で商品は輸入者に受け渡したこととなり，船が沈没し商品を受け取れなくても，輸入者は，代金を支払わなければなりません。言い換えると輸出者は受渡場所でリスク負担を輸入者に移転したということです。

> **Key Word　インコタームズ**
> 　国により商習慣や解釈が異なることによる当事者間のトラブルを回避するために1936年に制定されました。インコタームズは当事者間の危険（リスク）の範囲，費用負担について記載しています。取引の実態に合わせるため改訂がなされ，現在ではインコタームズ2010となり，11種類の類型から成り立っています。

受渡しでリスクが移転する！

船が沈没したら，輸出者と輸入者の
どちらが**リスク**を負担するのか？

輸出者

輸入者

輸送ルート：輸出者の工場⇒積み地の港⇒船⇒輸入港⇒輸入者の倉庫

条件 場所	EXW （工場渡し）	FOB （本船渡し）	DDP （関税込持込渡し）
輸出者の工場	輸入者に リスクが移転		
積み地の港			
船		輸入者に リスクが移転	
輸入地の港			
輸入者の倉庫			輸入者に リスクが移転

ここで沈没

輸出入取引では，輸送に時間がかかる
こと等から，国内取引より，事故等で
商品が毀損する恐れが高いのだ。
それで何かが生じた場合のリスク負担
の範囲を明確にしておくんだね。

5-3 輸出入取引の条件②

当事者間の費用負担を決める

　輸出入取引では，費用負担のトラブルに備え，商品の価格以外の運賃，保険料などの費用を輸出者と輸入者のどちらが負担するのかを契約書などで取り決める必要があります。**インコタームズ**には，輸出者と輸入者のリスク負担と費用負担の組み合わせによる11の類型があります。類型の一部について組み合わせを見てみましょう。

インコタームズの類型	輸出者のリスク負担	輸出者の費用負担
EXW（工場渡し）	なし	なし
FOB（本船渡し）	商品を本船に積み込むまで	商品を本船に積み込むまでの運搬費・税関申告費用等
CFR（運賃込）	商品を本船に積み込むまで	商品を本船に積み込むまでの運搬費・税関申告費用および海上運賃等
CIF（運賃・保険料込）	商品を本船に積み込むまで	商品を本船に積み込むまでの運搬費・税関申告費用・海上運賃および保険料等
DDP（関税込持込渡し）	商品を輸入者の指定する目的地に届けるまで	指定された目的地まで商品を送り届けるまでの運搬費・税関申告費用・海上運賃・保険料および輸入関税等を含むすべての費用

　FOB，CFR，CIFに注目してみましょう。リスク負担は同じですが，費用負担条件が異なります。インコタームズでは，類型により費用負担が明確に決められており，輸出者・輸入者の間でどの類型にするかさえ決めれば，個別に費用負担を協議することなく，トラブルを防ぐことができるのです。

契約書で，費用負担が決まる！

どこまでの**費用**を輸出者と輸入者の
どちらが負担する？

輸出者

輸入者

輸送ルート：輸出者の工場⇒輸出地の港⇒船⇒輸入港⇒輸入者の倉庫

	輸出港までの運賃	輸出港の通関費用	海上・航空運賃	海上・航空保険料	輸入港の通関費用	輸入者の倉庫までの運賃
EXW	輸入者負担					
FOB	輸出者負担		輸入者負担			
CFR	輸出者負担			輸入者負担		
CIF	輸出者負担				輸入者負担	
DDP	輸出者負担					

後でトラブルにならないように
輸出者と輸入者の費用負担は
契約書で明確に記載する
必要があるね。

5-4 輸出入取引の条件③

品質でトラブルが生じないようにする！

　国が異なると商品の品質に対する許容範囲も異なるので，輸出入取引の場合，品質に関して取引先と合意する必要があります。「どの品質・規格にするか」と「いつの時点の品質とするか」です。

　「どの品質・規格にするか」には，以下のようなものがあります。

見本売買	取引する商品を商品の見本により品質を決定する方法。製品，加工品等に用いられる。
標準品売買	公的機関により検査証明を受けている標準品をもって品質を決定する方法。農産物や水産物等に用いられる。
銘柄売買	ブランド等を指定することにより品質を決定する方法。ブランド等が世界的に知られている場合に用いられる。
仕様書売買	商品の材料，成分，性能，構造等，要求水準を満たした仕様書で品質を決定する方法。工業品や化学品等に用いられる。
規格売買	国際的な規格で商品の品質を決定する方法。ISO（国際標準化機構）規格，日本工業規格（JIS），日本農林規格（JAS）等がある。

　「いつの時点の品質とするか」ですが，原材料等のなかには出荷時には品質を保っていても輸送中に品質の劣化が生じる商品もあります。そこで，輸出国の船積み時点とする船積み品質条件とするか，輸入地の荷揚げ時点とする揚地品質条件とするかを当事者間で合意する必要があります。品質の劣化が生じる商品の場合には，品質検査を専門の検査業者に依頼するといった対応も考えられます。

品質条件を細かく契約書で決めておこう！

こんな**トラブル**にならないように…

■品質の条件や規格に係るトラブル

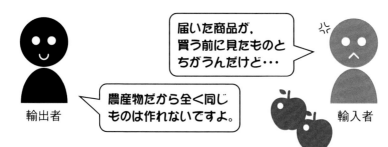

機械のようにオリジナル品か，工業製品のように同一のものが作れるか，農産物のように品質が自然に左右されるか等の性質に合わせ，品質条件を契約書に明記することで，トラブル発生を抑制できる。

■品質の決定時点に係るトラブル

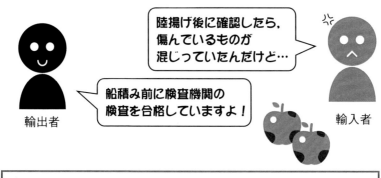

食品のように輸送中に傷むおそれがあるものについては，品質の決定時点をいつにするかを決めておくことが必要。品質を保つために輸送中の温度や熟度を指定することもある。

5-5 輸出入取引の条件④

数量でトラブルが生じないようにする！

　商品が個数で数えられるものであれば、数量によるトラブルは少ないでしょう。しかし、個数で数えられない液体や気体、また固体でも粉や粒状のものについては、トラブルになることがあります。数量条件では以下のように数量に過不足があった場合の取扱い、数量決定時点、数量単位の相違に注意する必要があります。

　まず、数量の過不足をどこまで認めるかです。たとえば小麦やトウモロコシのような穀物類は、0.00というきりのいい数量で梱包することが困難です。そこで一定の範囲で過不足を認めるという条件で契約がなされる場合があります。これを数量過不足容認条件といいます。「5％以内の過不足は売り手の任意」という条件で合意しておけば、差異がその過不足内である限りトラブルを避けることができるわけです。

　次に、アルコールなど揮発性が高い商品の問題です。こうした商品は、輸送中に蒸発するため、輸出地の数量より輸入地の数量が少なくなってしまうのです。トラブルを避けるためには、商品の数量確定時を船積時とするか陸揚時とするか、また数量確認を誰が行うか（輸出者か、輸入者か、第三者の検量機関か）の合意が必要です。

　最後に単位の問題です。水に関する単位は日本ではml等を用いますが、米国や英国ではoz（オンス）などを用います。また、米国では1oz＝約29.57mlですが、英国では1oz＝約28.41mlと異なります。このような場合は、契約書でいずれの国の単位を使用するのか明確にしておく必要がありますね。

数量の過不足，確定時点，単位はきちんと契約書で決めよう！

こんな**トラブル**にならないように…

■正確な数量を梱包できないものもある!?

輸入者:「表示より数量が少ないよ！」

数量過不足容認条件を合意しておけばトラブルは避けられた…

■輸送中に蒸発で数量が減少！

輸入者:「INVOICEに1,000ℓとあるけれど950ℓしかないよ！」

蒸発
アルコール，液化天然ガス等

数量確定時を船積時とするか，陸揚時とするかを決めておけばトラブルは避けられた…

■その他こんなことも…

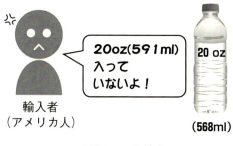

輸入者（アメリカ人）:「20oz(591ml)入っていないよ！」

(568ml)

イギリスから輸出

「同じozでも国によって容量が異なることもあるんだ…気をつけよう。」

5-6 輸出入取引の条件⑤

決済条件は，送金か，商品と引換か？

　輸出入取引の決済方法には，送金による方法と商品と引き換えに行う方法の大きく2つの方法があります。

　送金決済には**前払い**と**後払い**があります。商品の受渡し前に代金を支払う**前払い**の場合，輸入者に「代金を支払ったのに商品が届かないリスク」が生じます。一方，商品の受渡しの後に代金を支払う**後払い**の場合，輸出者に「商品を出荷したのに代金が回収できないリスク」が生じます。つまり**送金決済**の場合，輸出者と輸入者のどちらかがリスクを負担することになるのです。

　これを回避する方法として，**商品と引き換えに決済**する方法があります。それは**荷為替手形**(にがわせ)を使う方法です。

　荷為替手形とは，**為替手形**（手形振出人が，名宛人に対し，自分が指名する者に支払いを指示する）に**船積書類**（商品の引換証である**船荷証券**や，送り状兼請求書であるインボイス等）が添付されたものです。輸出者は荷為替手形を銀行に送付し，「輸入者が手形代金を支払ったら，船積書類を渡してください」と頼んでおくのです。これにより代金の支払いと商品（厳密には商品引換証等）の受渡しを同時に行え，当事者のいずれもリスクを負担しなくてよくなるのです。

　輸出入取引の特有の決済方法である荷為替手形については，**§5-7**で詳しくみていきましょう。

5-7 荷為替手形による決済

輸出者・輸入者とも安心の決済方法

　荷為替手形は「商品を送った。添付書類で商品を受け取れるので，書類と引き換えに代金を指名した者に支払いなさい」という，輸出者の輸入者へ支払いに関する指図を示します。荷為替手形は輸出者から銀行に託され，荷為替手形の譲渡と商品代金の回収が行われます。これにより「商品を送ったが代金が回収できない」，「代金を払ったが商品が届かない」といったリスクがなくなります。

　商品代金は，輸入者から輸入者側の銀行に支払われ，輸入者側の銀行から輸出者側の銀行への支払処理がされ，初めて輸出者は代金回収できます。つまり輸出者が荷為替手形を振り出してから，相当の時間を要するということです（右頁①～⑥のステップを踏む）。

　時間を短縮するために**信用状**（Letter of Credit 略称はL/C（エルシー））というものがあります。信用状とは，輸入者側の銀行による代金支払保証書です。信用状があれば，支払リスクがないため，輸出者は，輸出者側の銀行に荷為替手形を買い取ってもらった段階で，代金を回収できます（❶・❷のステップのみ）。

　こうした信用状のある・なしにより，前者を**信用状なし荷為替手形**，後者を**信用状付荷為替手形**とよびます。

　代金回収の確実性，換金の早さの点では，信用状付荷為替手形が優れています。特に新規の相手先との取引では，信用状付の方が安全です。しかし信用状を用いるには手数料や手間がかかることもあり，双方に信頼関係がある場合は，信用状なし荷為替手形が使われる場合もあります。

§5 輸出入取引の基本と会計処理 73

信用状があれば，代金回収がすぐできる！

■信用状がない場合　　　　　■信用状がある場合

輸出者　　　　　　　　　　信用状なし荷為替手形

輸出者　　　　　　　　　　信用状付荷為替手形

輸入者が支払いをし，銀行を経て初めて輸出者は代金を回収できる（①～⑥）

荷為替手形の買取時に輸出者側の銀行が代金を立替払いしてくれる（❶～❷）

①銀行に荷為替手形の買取を依頼　　　　⑥支払

輸出者側の銀行

❶銀行に荷為替手形の買取を依頼する　　❷支払

②荷為替手形の送付　　　　⑤支払

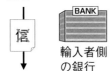
輸入者側の銀行

荷為替手形の送付

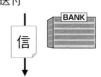

支払

③荷為替手形の呈示　　　　④支払

輸入者

荷為替手形の呈示

輸入者

支払

5-8 船荷証券とは

船積書類のなかの最重要書類

　船荷証券とは，輸出地で船会社が輸出者の貨物を受け取ったときに発行される書類です。英語でBill of Ladingと記載されるため，略称でB/L（ビーエル）とよばれています。

(1) 船荷証券の役割

　船荷証券には以下の4つの役割があります。
①　貨物受取証：船会社が貨物を受け取った証（あかし）としての受取証
②　運送契約書：船会社と荷主との間での運送契約を示す書類
③　貨物引換証：輸入地での貨物の引き取りに必要な引換証
④　有価証券：貨物の所有権を表す有価証券。裏書して第三者に譲渡可能

(2) 船荷証券の流れ

　船荷証券は，貨物が船積みされると船会社が輸出者に発行し，最終的に輸入者に渡ります。その後，輸入者が船荷証券を輸入地の船会社に呈示することで貨物を受け取ることができます。しかし決済方法により，輸出者から輸入者に渡す流れが異なります。

　送金決済の場合には，輸出者が輸入者に直接送付します。一方，荷為替手形の場合には，輸出者は輸出地の銀行に船荷証券を含む船積書類を買い取ってもらい，輸入者は輸入地の銀行に代金の支払いと引き換えに船荷証券を入手します（**§5-7**）。

船荷証券の4つの役割

■船荷証券の役割は4つ
① 貨物の**受取証**
② **運送契約書**
③ 貨物の**引換証**
④ 貨物の所有権を表す**有価証券**

船荷証券は
たくさんの役割を
担っているんだね。

① 貨物の受取証

船会社

貨物を確かに
受け取りました。

② 運送契約書

　　　　約款
第1条　定義
　運送人とは…
　荷主とは…

運送人（船主）と荷主（荷送人，出荷人，運送品の所有者，受取人，船荷証券の所持人）との間の契約条項が記載されている。

③ 貨物の引換証

輸入地の
船会社

船荷証券を呈示
いただければ貨物
に引き換えます。

④ 貨物の所有権を表す有価証券

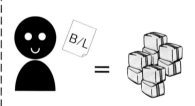

船荷証券は貨物の所有権を示し，譲渡や裏書により，所有権を移転することができる。

5-9 輸出の会計処理

ポイントは売上計上時期

　輸出には，契約締結から，船積み，通関手続き，船荷証券の入手，荷為替手形の取組み等，さまざまな段階があります。これらの段階のうち，売上を計上する時期としては，いつが適切でしょうか。

　企業会計原則において「売上高は，**実現主義**の原則に従い，商品等の販売又は役務の給付によって実現したものに限る」とされています。これより売上計上は，下記2要件を満たした時点とされています。

> ①商品の引渡しやサービスが完了した時点
> ②現金や現金同等物，他資産の取得による対価の受取が確実になった時点

　商品の販売の場合，現行実務では，この2要件をふまえつつ，概ね下記の時点で売上を計上することが多いようです。

　A　出荷基準：自社の倉庫や工場等から出荷した時点
　B　通関基準：税関の輸出許可を得た時点
　C　船積日基準：貨物を本船に引き渡した時点
　D　船荷証券引渡基準：荷為替手形を振り出した時点
　E　仕向地持込渡条件受渡日基準：送り先の指定する場所に納品した時点

　日本においては，売上計上時期に関する包括的な会計基準がなく，輸出条件ごとの売上計上時期の細かいルールはありません。しかし，受渡しによりリスクも移転することを考えると，この時点で実現の2要件が満たされます。したがって**インコタームズ**で**規定される受渡時点**に売上を計上することが理論的といえます。

インコタームズによる望ましい売上計上時期とは？

インコタームズに整合した売上計上時期とはいつだろうか？以下の3条件で考えてみよう（※）。
・EXW（工場渡し）
・FOB（本船渡し）
・DDP（仕向地持込渡し）

■EXW（工場渡し）の場合

輸出者の工場でリスクが移転するので、出荷基準が整合する。

■FOB（本船渡し）の場合

船積み時点でリスクが移転するので、船積日基準が整合する。

■DDP（関税込持込渡し）の場合

輸入地の指定場所に届けて初めてリスクが移転するので、仕向地持込渡条件受渡日基準（買い手による検収時点）が整合する。

（※）日本においては売上計上時期に関する包括的な会計基準は設定されておらず、インコタームズにより、売上計上はいつでないといけないというルールはありません。上記のように、それぞれの条件により望ましい処理は異なるといえます。

5-10 輸入の会計処理

仕入計上時期だけでなく，未着品の処理にも注意！

　国内取引の場合，多くは納品時点または検収時点で仕入が計上されます。「商品購入」という事実が，商品入手により発生すると考えるためです。

　輸入の場合はどうでしょうか。一般的には**船荷証券（§5-8）入手**時点で仕入を計上します。第一に船荷証券は，貨物の所有権を示すものであり，その貨物を取得したことと同義であること，第二に輸入者は，輸出者と異なり，商品の動きをタイムリーに把握できず，商品の動きを基準とするのは難しいためです。ただし，工場渡しや関税込持込渡し等の条件の場合は，それぞれの受渡し時点での計上が理論的と考えられます。

　さて，輸入の多くは商品の発送が船便で長時間かかる一方，船荷証券は飛行機便等で早く届くのが一般的です。このため仕入が計上されているものの，決算日までに商品が届かないこともあります。こうした場合，商品ではなく，**未着品**という科目で処理することとなります。

輸入取引の会計処理

■仕入計上時（船荷証券入手時等）の会計処理

(借方) 仕入	×××	(貸方) 現金預金，買掛金，前渡金等※	×××

※荷為替手形による決済の場合は現金預金，送金の場合は買掛金や前渡金

■決算日に商品が未着の場合の会計処理

(借方) 未着品	×××	(貸方) 仕入	×××

§5 輸出入取引の基本と会計処理　79

船荷証券と商品の流れと会計処理

商品と船荷証券の流れと，会計処理を見てみよう。

● 船積み

● 船荷証券発行

船会社が輸出者に船荷証券を発行。銀行経由で輸入者に譲渡される，または直接送付される

● 輸入者が船荷証券を入手する

貨物を取得したのと同義とみなし，仕入を計上する

● 決算日！

商品が船積みされる

商品はまだ輸送中で港に届かない。

➡ 未着品として処理する

期末に在庫として残った商品の相手科目が「期末商品棚卸高」であるのに対し，未着品の相手科目は「仕入」であることにも注意！

江戸時代の貿易の決済方法

　江戸時代に鎖国政策がとられましたが，幕府の監督下，清，オランダ，朝鮮，琉球の4国とは貿易が行われていました。主な輸入品は，生糸，織物，薬，書籍などでした。この時代の貿易取引の決済方法はどのようなものだったのでしょうか。

　江戸時代は国内の通貨が統一されておらず，また現在のような2国間の通貨が売買される外国為替市場がありませんでした。そこで輸入品の支払対価としては金，銀などが用いられました。当時，日本は金や銀の産出国だったのですが，貿易高の増加につれ，金銀が流出するという問題が生じました。そのため，年間の貿易高は清が銀6000貫目，オランダは年間銀3000貫目というように上限を定めた定高貿易法が制定されました。

　貿易高が上限を超えた場合，積荷は処分されることになりますが，それは困るという中国側の要望により物々交換による決済が許されるようになりました。この物々交換のことを代物替（しろものがえ）と呼びます。支払対価となるものは，銅，ふかひれ，干あわび，鰹節などさまざまなものであったようです。

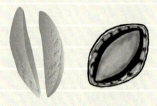

§6

外貨建金銭債権債務等の換算

§6からいよいよ外貨建取引の具体的な会計処理の説明です。まず取り上げるのは,「外貨建金銭債権債務等」です。
会計処理だけでなく,対象となる債権債務等の性質や為替変動リスクに注目してみましょう。

「ガイカダテキンセンサイケンサイムトウ」の長すぎる名前のほうが気になる・・・

6-1 外貨建取引の範囲と性質

外貨建取引の多くは為替変動リスクを負う

「外貨建取引等会計処理基準」でいう「外貨建取引」とは，以下のような取引です。

A　取引価額が**外国通貨**で表示されている物品の売買または役務の授受
B　決済金額が**外国通貨**で表示されている資金の借入または貸付
C　券面額が**外国通貨**で表示されている社債の発行
D　**外国通貨**による前渡金，仮払金の支払または前受金，仮受金の受入
E　決済金額が**外国通貨**で表示されているデリバティブ取引等
F　製造業者が輸出入取引によって商社等に生ずる為替差損益等が負担する特約により，**実質的に取引価額が外国通貨で表示されている取引と同等とみなされるもの**（**§4-6**）

上記には，**外国通貨**という共通点があります。でもそれだけではありません。Dの前渡金・前受金を除き，**為替変動リスク**という共通点があるのです（前渡金は商品やサービスで納入され，前受金は商品やサービスで納品するため，為替変動の影響は受けない）。

外貨建取引の会計処理と，この為替変動リスクは密接なつながりがあります。すなわち，為替変動リスクがあるものについては，それが円貨額に反映されるように期末で換算替えする処理がなされます。一方，為替変動リスクがない前渡金・前受金については，取引日のレートで記録し，決算日には，原則，換算替えは行われません。

§6 外貨建金銭債権債務等の換算　83

外貨建取引の範囲と為替変動リスク

取引通貨が外貨であれば，外貨建取引となるよ。例外的に円建取引でも外貨建取引のものがあるんだ！

【為替変動リスクなし】

× 外貨建取引に該当しない
例：円建の輸出入

INVOICE
¥2,000,000

○ 外貨建取引に該当する
例：外貨建の前渡金

送金

【円建の取引】　　　【外貨建の取引】

○ 外貨建取引に該当する
例：メーカーズリスク特約がある場合の円建取引

契約書
メーカーズ
リスク特約…
RISK

○ 外貨建取引に該当する
例：外貨建の商品の売買

INVOICE
US$ 20,000

RISK

【為替変動リスクあり】

6-2 外貨建金銭債権債務の換算

決算日には換算替えが必要

債権債務およびこれに準ずるものには以下の3つがあります。

①金銭債権債務（例：売掛金，未払金）
②その他の債権債務（例：前渡金，前受金）
③その他の資産負債（例：前払費用，未収収益，前受収益，未払費用）

①〜③の資産負債が外貨建てになった場合，為替変動リスクがそれぞれ異なるため，別々の会計処理が必要となります。

ではまず，①の金銭債権債務が外貨である場合を考えてみましょう。

外貨建金銭債権債務を記帳するにあたっては，換算という手続きが必要となりますが，「取引日」「決算日」「決済日」の3時点で検討が必要となります。

まず，取引日は，取引日等の為替レート（§6-4）による円換算額をもって記録します。外貨建金銭債権債務は，円貨額では為替変動リスクを負っていることから，決算日には，決算日レート（§6-5）で換算替えします。この結果，決済日においては，その時点の外貨建金銭債権債務の簿価と決済金額の差が損益として生じることとなります（為替予約等を付している場合については，§8参照）。

決算日に換算替えしたことにより生じる損益（換算差損益）や決済日に生じる損益（決済差損益）は，為替差損益として処理します（§6-6）。

外貨建金銭債権債務の換算タイミングとその仕訳

【前提条件】 A社は1/1に100$の製品の輸出取引を行った。この売掛金は4/30にドル建てで入金された。

・各日の直物レートは以下のとおり
　取引日　　1月1日　　110円/$
　決算日　　3月31日　105円/$
　決済日　　4月30日　100円/$

【取引日】

(借) 売掛金	(*1)11,000	(貸) 売上	11,000

(*1) 100$×110円/$=11,000円

取引日に用いるレートについては、§6-4を参照してね。

【決算日】

(借) 為替差損益	(*2)500	(貸) 売掛金	500

(*2) 決算日レートで換算した売掛金と計上されていた売掛金との差額(§6-6参照)(100$×105円/$)-11,000円=△500円(為替差損)

【決済日】

(借) 当座預金	(*3)10,000	(貸) 売掛金	10,500
為替差損益	(*4)500		

(*3) 入金額　100$×100円/$=10,000円
(*4) 実際の入金額と円貨で計上されていた売掛金の差額を為替差損益として処理
　　　10,000円-(11,000円-500円)=△500円(為替差損)

換算差損益や決済差損益は、原則、為替差損益として処理するんだ。

6-3 外貨建金銭債権債務以外の換算

為替変動リスクに応じた期末処理がなされる

外貨建債権債務のうち，決算日の為替レートで換算替えしない勘定として，**前渡金及び前受金**があります。前渡金や前受金といった債権債務は，権利・義務の内容が商品の納品や役務提供に関するものです。金銭の受払いはすでになされており，**将来的な為替変動リスクがありません**。このため外貨建てであっても，決算日での換算替えが不要なのです。この点，権利・義務の内容が，金銭の受払いである外貨建金銭債権債務と違うところです。

外貨建金銭債権債務ではないものの，同様の換算処理をする勘定として，**外貨建の未収収益及び未払費用（見越勘定）**が挙げられます。これらはいずれも，将来，外貨の受取りもしくは支払いがあることから，外貨建金銭債権債務等に準じて決算日の為替レートにて換算することとされています。

なお，**前払費用及び前受収益（繰越勘定）**については前渡金及び前受金と同様に金銭の受払いがすでになされていることから，換算処理は不要となります。

 Check! 取引の一部が前渡金または前受金の場合

外貨建取引高のうち，前渡金または前受金が充当される部分については金銭授受日の為替レートにて，残りの部分については取引日の為替レートにて換算します。

なお，営業利益等に重要な影響を及ぼさない場合には，取引高全額を取引日の為替レートにより換算することができます。

§6 外貨建金銭債権債務等の換算　87

金銭債権債務と債権債務，経過勘定の関係

債権/債務
　金銭や物品・サービスを提供することを内容とする権利もしくは義務
金銭債権/金銭債務
　金銭の引渡しを目的とする債権もしくは債務
経過勘定
　経過勘定は大きく見越勘定と繰延勘定とに大別される
　・見越勘定
　　既に提供を受けた，または提供を行った役務に対して，未支払または未受領の対価について，発生分を見越して計上する勘定
　・繰延勘定
　　未だ提供を受けていない，または提供を行っていない役務に対して，既支払または既受領の対価について，未発生分を繰延べて計上する勘定

■**資産負債の関係**　　グレー部分：換算替えが必要な項目

```
資産/負債
（例：たな卸資産，固定資産）

  債権/債務
  （例：前渡金，前受金）

    金銭債権/金銭債務
    （例：売掛金，買掛金）

経過勘定

  見越勘定
  （例：未収収益，未払費用）

  繰延勘定
  （例：前払費用，前受収益）
```

未収収益には，期日が到来していない貸付金利息，未払費用には，期日が到来していない借入金利息などがあるよ。

6-4 取引日に用いる為替レート

合理的な基礎に基づいて算定された平均レートとは

　外貨建取引は，原則，取引日の直物為替レートによる円換算額，または"**合理的な基礎に基づいて算定された**"平均レート等を用いて換算します。"**合理的な基礎に基づいて算定された**"平均レートとは，たとえば，取引の行われた月の前月の直物為替レートを平均したもの等，直近の一定期間の直物為替レートに基づいて算出されたものをいいます。また取引日の直近の一定の日における直物為替レートで換算することも認められています。

　いずれの方法をとる場合も，継続適用が求められます。また，取引日および決済日いずれのタイミングでも，為替予約等による振当処理を採用している場合には，予約レートで換算することがあります（為替予約の処理については§8にて解説）。

　直物為替レートについては，通常，銀行が顧客との取引で使用するレート（**TTM/TTB/TTS　§2-5参照**）が使用されます。いずれのレートを使用するかについては，会計基準に明記されていませんが，税法上，原則としてTTM，継続適用を条件にTTB（売上その他の収益または資産の換算）またはTTS（仕入その他の費用または負債の換算）の使用が認められています。

取引日に使用する為替レートとは？

【前提】取引は3/15に行われた

 取引日の直物為替レート(a)，または合理的な基礎に基づいて算定された平均レート(b)

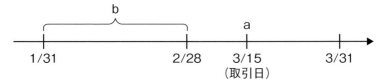

合理的な基礎に基づいて算定された平均レート(b)としては…

例示として，取引の行われた月の前月平均レートが挙げられているぞ。前月平均レートの代わりに前週平均レートでもいいそうだ！

 取引日の直近の一定の日における直物為替レート
例：取引が行われた前月末日の直物レート(C)，または当月初日の直物レート(d)

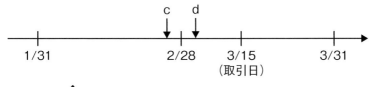

前月末日の代わりに前週末日，当月初日の代わりに当週初日も認められているみたいだね！

6-5 決算日に用いる為替レート

原則と容認がある

　外国通貨や外貨建金銭債権債務は，為替リスクがあるので，決算日の為替レートで換算し直し，リスクを反映することが必要となります。デリバティブ取引等の時価のある外貨建ての金融商品も，同様に為替リスクがあるので，決算日の為替レートで換算します。この「決算日の為替レート」は，具体的には，下記のいずれかとなります。

決算日の為替レート
【原則】決算日の直物為替レート
【容認】決算日の前後一定期間の直物為替レートの平均
　　　　（決算日の直物為替レートが異常だと認められる場合）

　なお，容認の方法を用いた場合は，決算日の直物為替レートと，適用した為替レートを注記することが求められています。

 Check! 平均レートの使用に関する留意事項

　平均レートの算定期間は概ね1ヶ月以内を目安として，為替相場の変動の推移等を考慮して合理的に判断して決定するものであり，長期間にわたるべきものでありません。また，異常な場合に使用するレートであることから，非常に限られた場合にのみ適用されることとなります。

決算日に使用する為替レートとは？

【前提】決算日は3/31である

  決算日の直物為替レート(a)

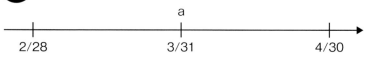

  決算日の前後一定期間の直物為替レートの平均
例：決算日前後1週間の直物為替レートの平均(b)

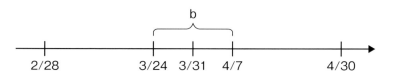

 使用する平均レートは，為替相場の推移や外貨建金銭債権債務残高及びその決済日等を考慮して，合理的に判断するよ！

決算日の直物為替レートが異常だと認められる場合とは…

右図のように何らかの影響で決算日のレートが異常な水準にある場合

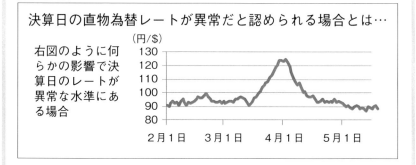

6-6 決済に伴い発生した損益の処理

―取引基準と二取引基準

　一取引基準とは，外貨建取引と決済取引とを1つの取引として考える方法です。たとえば外貨建てで販売をした場合，いったん取引日レートでの換算額で売上高を計上しますが，売上確定額は決済日レートでの換算額（実際に入ってくる円貨）とします。すなわち，取引日には売上高は未確定で，その後の為替変動額は売上高で調整するのです。

　一方，**二取引基準**とは，外貨建取引と決済取引とを別々の独立した取引として考える方法です。この方法では売上高や仕入高は取引日に確定され，その後の**為替レート変動による損益は，為替差損益として認識**されることになります。

　一取引基準を採用した場合には，取引日の売上や仕入の金額はあくまで決済日までの仮換算であると考えます。決済されるまで売上や仕入の取引額が確定せず，決算日や決済日にも売上や仕入の金額が変動してしまうことから，決算の早期化や実務の簡便さを重視する**現行の会計制度では，二取引基準が採用**されています。

> **Point**
>
> **一取引基準の問題点**
> 売上や仕入の金額が取引日に確定しないことから，在庫や資産の取得価額確定に時間がかかり，原価差額の配賦計算や償却計算が複雑になってしまう！

一取引基準と二取引基準の会計処理のちがいは？

【前提】A社は1/1に製品を100$で販売した。決済日は4/30である。

各日の直物レートは以下のとおり
- 取引日　1月1日　110円/$
- 決算日　3月31日　105円/$
- 決済日　4月30日　104円/$

いずれの基準でも処理金額は同じ。科目に注目だ。

【取引日】一取引基準，二取引基準とも同じ

| （借）売掛金 | 11,000 | （貸）売上 | （＊1）11,000 |

（＊1）100$×110円/$＝11,000円

一取引基準　　　　　　　　　　**二取引基準**

【決算日】

| （借）**売上** | （＊2）500 |
| （貸）売掛金 | 500 |

| （借）**為替差損** | （＊2）500 |
| （貸）売掛金 | 500 |

（＊2）（100$×105円/$）－11,000円＝▲500円

【決済日】

（借）当座預金	10,400
売上	（＊3）100
（貸）売掛金	10,500

（借）当座預金	10,400
為替差損	（＊3）100
（貸）売掛金	10,500

（＊3）（100$×104円/$）－（11,000円－500円）＝▲100円

6-7 外貨建転換社債型新株予約権付社債の発行者側の会計処理

処理すべきは新株予約権として？　社債として？

　これまで外貨建金銭債権債務の換算について整理してきましたが，特殊な換算をする債務に「外貨建転換社債型新株予約権付社債」があります。「転換社債型新株予約権付社債」とは，一定期間内に社債の保有者が請求すれば，当初決められた価額で株式に転換できる社債のことです。この社債が外貨建の場合，**金銭債務**なので，決算日に換算し直すという考え方もありますが，**新株予約権が行使されると，債務から資本となるため**，他の資本項目と同じように，会社に入金された金額のままで認識すべきとも考えられます。そこで会計処理は下記のように整理されています。

発行日
　→発行日の為替レート（振当処理（§8-5～§8-7）を採用している場合は，為替予約等により確定した円貨額）

決算日
　→原則：発行日の換算に用いた為替レート，ただし期間満了後は決算日レート
　　例外：決算日の為替レート

新株予約権行使日
　→発行日の換算に用いた為替レート

　決算日における例外処理は，転換対象の外貨ベースの株価が転換価額を大きく下回り，転換請求期間までに相場の相当な変動があっても，逆転するとは考えられない場合において認められます。こうした状況下では，新株予約権の行使をしないという選択が合理的ですね。

外貨建転換社債型新株予約権付社債の考え方

【外貨建転換社債型新株予約権付社債独特の性質】
株価による社債の保有者の行動はどうなるか？

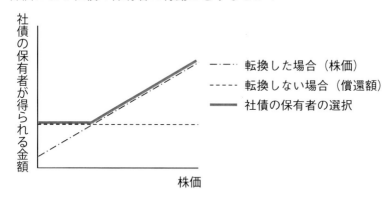

※ 転換した場合は，株式売却によりその時点の株価と同額を入手可能，転換しない場合は，償還額が入手可能額である。

社債の保有者としては，損をしたくない！
とりえる2パターンのうち，
より利益を得られるほうを選ぶんだね！

【決算日の換算の考え方】

 新株予約権の行使をすると，発行者の資本になる
➡発行日の換算に用いた為替レートで換算

 新株予約権行使の<u>可能性が低い</u>と考えられる場合
➡外貨建金銭債務として決算日の為替レートで換算する

実在した異常な為替レートの変動

　かつて、アフリカ南部のジンバブエで、自国通貨であるジンバブエ・ドルのハイパーインフレーションが起こりました。これは、ムガベ大統領による、無茶な経済政策や食糧危機、通貨の無節操な発行といった要因が同時にかつ大規模に起こったことが原因といわれています。

　ジンバブエ・ドルのインフレ率は天文学的な数値となりました。2009年には非公式ながらインフレ率が年率$6.5×10^{108}$％になると報じられました。これは、おおよそ24時間ごとに物価が2倍になるという驚くべき水準であり、インフレに対応するために100兆ドル紙幣（！）が発行されたほどのインフレ率でした。

　こうした一連のインフレとジンバブエ・ドルの4度もの通貨改革（通貨の10桁を切り捨てる改革等）によって、ジンバブエ準備銀行のギデオン・ゴノ総裁（当時）は2009年にイグノーベル賞数学賞を受賞しました。受賞理由は「1セントから100兆ジンバブエ・ドルまでの幅広い額面の銀行券の印刷によって、非常に大きな数字に対応するための、毎日できる簡単なトレーニング法を国民に与えた」ことが、人々を笑わせ、考えさせてくれる研究と認定されたためです。

　ジンバブエ・ドルは、2015年に廃止され、現在は米ドルや日本円などの9通貨が法定通貨とされています。ジンバブエ・ドルの通貨としての価値はなくなってしまいましたが、100兆ドル紙幣は観光客向けのお土産として、現在も高い需要があるようです。

§7 外貨建有価証券の換算

ここでは外貨建有価証券の決算日の処理や時価が著しく下落した場合の処理を説明していきます。

有価証券の保有目的を意識すると決算日の処理の理解がしやすいよ。

「時価の算定に関する会計基準」が公表されたことに伴い,「時価を把握することが極めて困難と認められる」という表現が,「市場価格のない」という表現に変わりましたが,時価がないという意味に変わりはないため,本書では「わかりやすさ」を優先し,これまでどおり,「時価のない」という表現を用いています。

7-1 有価証券は4つに分類される

保有目的によって会計処理が異なる

有価証券とは，財産上の権利を表す証券であり，譲渡により簡単に権利を他人に移転することができます。代表的なものに株式や債券（国債や社債等）があり，それを保有する目的により以下の4つに分類されます。

分類	内容
売買目的有価証券	時価変動による利益を得ることを目的とする有価証券。トレーディング専門部門が**日々売買を繰り返す**ようなものが想定される。
満期保有目的の債券	主に利息の受取を目的として，**満期まで継続して保有し続ける**債券（国債や社債等）。
子会社株式や関連会社株式	他の会社への影響力を行使するために保有する株式。M&Aで売却する可能性はあるが，通常，売却は想定されず，グループとしての投資成果をあげるため**長く保有する**。
その他有価証券	他の3分類のどれにも属さないもの。このため，持ち合い目的で保有するものから，財テクのために保有するものまでさまざまである。**長期的に売却する可能性はあるが，直ちに売却・換金するために保有するものではない**。

このように保有目的により，想定される保有期間が異なっています。金融商品会計では，この保有目的・換算期間に応じた会計処理が決められています。有価証券が円建てでなく，外貨建ての場合も考え方の基本は変わりません。ただし「時価」のほかに，「為替レート」という要素が入ってくるので，円建ての有価証券より，やや複雑になります。

有価証券は，保有目的と想定される保有期間に注意！

売買目的有価証券

利ざやをとるために保有するため，短期的に売買されることが想定される。

その他有価証券

持ち合い
財テク
付き合い

他の3分類に属さないという分類のため，実態もさまざま。財テク目的のものは，値上り時の売却が考えられる一方，持ち合いのように長く保有するものもある。

満期保有目的の債券

債券であることが前提である。利息の受取を主とし，満期まで保有する意思で会社が保有するもの。
満期のある債券であっても，こうした意思がないものはその他有価証券となる。

子会社株式・関連会社株式

子会社とは，議決権の50％超を保有すること等により支配している会社。
関連会社とは，議決権の20％超50％未満等の保有により影響力を与えている会社。

保有期間が短い → 保有期間が長い

7-2 外貨建有価証券の決算日の処理①

売買目的有価証券の場合

　売買目的有価証券とは，時価変動により利益を得ることを目的として保有する有価証券です。有価証券を保有する目的の1つに財テクがありますが，「値上がりしたらいいな」くらいの意思で保有するものは，一般に売買目的有価証券といいません。金融機関等がトレーディング目的で専門の部署を置き，日々売買をするようなものが売買目的有価証券であるとイメージするとよいでしょう。

　日々売買をし，利ざやをとることが目的の売買目的有価証券の場合，「今，売却したら，どれくらいの利益または損失が発生しているか」ということが重要です。このため売買目的有価証券は，**決算日の時価**で評価しますが，外貨建ての場合はこれに加えて，決算日の円貨に置き直すといくらになっているか，すなわち**決算日レート**で換算した円貨額がいくらになっているかを示す必要があります。

売買目的有価証券の決算日の貸借対照表価額
＝決算日の外貨建ての時価×決算日レート

　決算日に時価評価をし，換算替えをした場合に生じる差額は，「時価の変動」と「為替レートの変動」の両方の影響を受けますが，これらは要素によって分けることなく，一括して**「有価証券運用損益」**として，当期の損益として処理します。売買目的有価証券は，為替レートの変動も含めて運用の成果と考えるためです。

売買目的有価証券の決算日の処理は，評価差額の処理に注目

下記の売買目的有価証券の取得日および決算日の会計処理は，どうするか。

取得原価：100$　　取得日レート：1$=95円
決算日時価：110$　決算日レート：1$=100円

①取得日

| (借) 有価証券 | (＊1) 9,500 | (貸) 現金及び預金 | 9,500 |

（＊1）100$×95円/$=9,500円

②決算日

| (借) 有価証券 | (＊2) 1,500 | (貸) 有価証券運用益 | 1,500 |

（＊2）110$×100円/$－9,500=1,500円

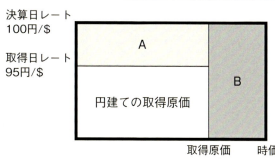

評価替えをした差額は，為替レートの変動Aと時価の変動Bの2つの要素で構成されるけど，分けずに「運用損益」として処理するんだ！

決算日レート 100円/$
取得日レート 95円/$

A
B
円建ての取得原価

取得原価 100$　時価 110$

A＝外貨建ての取得原価×為替レートの変動
B＝外貨建ての評価差額×決算日レート

上記図の太枠が有価証券の決算日の貸借対照表価額となります。以降の節でも同じです。

7-3 外貨建有価証券の決算日の処理②

子会社株式及び関連会社株式の場合

　子会社とは議決権の50％超を保有すること等により支配している会社です。また**関連会社**とは議決権の20％超50％未満を保有すること等により重要な影響を与えている会社です。

　子会社株式や関連会社株式を保有する目的は，他の会社を支配したり，影響力を行使したりすることにより，グループとしての投資成果を上げることです。たとえば，キヤノン㈱，ソフトバンクグループ㈱，㈱日立製作所などは多数の子会社や関連会社を有することで，さまざまな分野に進出し，企業グループとして大きな投資成果を上げています。

　グループとしての投資成果を上げることを意図とする子会社株式や関連会社株式は，一般に長期間保有され，短期間で売買されることが想定されていません。つまり時価変動があっても，それは投資評価と関係がないといえるので，取得原価が貸借対照表価額となります。

　外貨建ての場合も考え方は同じです。取得原価に見合う為替レート，すなわち取得日レートで換算して決算日の円貨額を算定します。

子会社株式及び関連会社株式の決算日の貸借対照表価額
＝外貨建ての取得原価×取得日レート

　つまり，子会社株式や関連会社株式は，「時価の変動」や「為替レートの変動」の影響を受けないのです。

子会社株式及び関連会社株式は時価の変動および為替レートの変動に影響を受けないことに注目

下記の子会社株式の取得時及び決算日の会計処理は，どうするか。

取得原価：100$　　取得日レート：1$=95円
決算日時価：110$　決算日レート：1$=100円

①取得日

| （借）子会社株式 | （＊1）9,500 | （貸）現金及び預金 | 9,500 |

（＊1）100$×95円/$=9,500円

②決算日

| 会計処理なし |

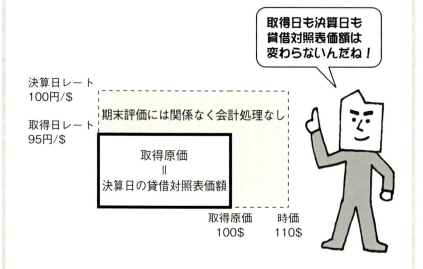

7-4 外貨建有価証券の決算日の処理③

満期保有目的の債券／額面で取得した場合

　債券とは国，地方公共団体，企業などが広く一般の投資家から資金を調達するために期限や利率をあらかじめ定めて発行する有価証券のことであり，満期に額面（＝債券に記載されている金額）で投資家に償還されます。債券の例としては国債や地方債，社債などがあります。

　投資家は時価が上がれば市場で売却して売却益を得ることもできますが，利息の受取を主目的とし，満期まで売却しないという意思を持って保有する場合，これを**満期保有目的の債券**に分類します。

　債券を満期まで保有する場合，戻ってくる金額は額面に固定されます。つまり，**価格変動リスクを把握する必要がなくなります**。このため，額面で債券を取得した場合は決算日も**取得原価**を貸借対照表価額とします。

　ただし，外貨建ての場合は戻ってくる外貨額が固定されていても為替レートの変動による影響は受けるため，**決算日レート**で換算した円貨額がいくらになっているかを示す必要があります。

満期保有目的債券の決算日の貸借対照表価額
＝外貨建ての**取得原価**×**決算日レート**

　決算日に換算替えをした場合に生じる差額は，**為替レートの変動によるため**，**為替差損益**として処理します。これは，「外貨ベースでは時価の変動リスクを負わない」等，外貨建満期保有目的債券と類似性がある外貨建金銭債権（例　貸付金）の換算差額が，為替差損益として処理されることとの整合性を図ったためです。

満期保有目的の債券は為替レートの変動にのみ影響を受けることに注目

下記の満期保有目的の債券の取得日および決算日の会計処理は，どうするか。

額面100$の債券を発行時に100$（取得日レート：95円/$）で取得。
決算日時価は105$，決算日レートは110円/$。

①取得日

（借）満期保有目的債券　（＊1）9,500	（貸）現金及び預金	9,500

（＊1）100$×95円/$＝9,500円

②決算日

（借）満期保有目的債券　（＊2）1,500	（貸）為替差損益	1,500

（＊2）100$×110円/$－9,500円＝1,500円

決算日レート
110円/$

取得日レート
95円/$

為替差損益

円建ての取得原価

会計処理なし

取得原価　時価
100$　　105$

> 満期保有目的の場合は，時価があっても，簿価に影響しないんだ。だから，時価なしの場合も同じ結果になるよ。

7-5 外貨建有価証券の決算日の処理④
満期保有目的の債券／額面と取得原価が異なる場合

　債券は額面と異なる価格で発行される場合があります。たとえば国などの発行体が、当面の利払い負担を軽くしたい場合、発行価額を額面より低くします。額面より安く債券を買い、額面で償還を受ければ、低金利でも、市場金利で受け取ったのと同等の価値があるからです。

　債券は満期時には額面で償還されるため、額面と異なる金額で債券を取得した場合には、その差額を満期まで一定の方法で取得原価に加減していきます（**償却原価法**）。差額は利払い負担を軽くするためのものであることから、この加減額は**有価証券利息**として処理します。取得原価に加減された結果は**償却原価**といいます。

　償却原価法の場合、為替差損益は下記のように差引で求めます。

ステップ	実施事項
①償却原価の換算	決算日レートで換算する。
②有価証券利息の換算	期中平均レートで換算する（期間を通じ、平均的に発生すると考えるため）。
③為替差損益の算定	為替差損益＝決算日の貸借対照表価額－**取得原価**（＊1）－有価証券利息

（＊1）　当期取得以外の場合は、前期末の簿価

Check!　2つの償却原価法
　償却額の計算方法には**利息法**と**定額法**があります。**利息法**とは満期時に額面と取得価額とが一致する割引率を用いて償却額を計算する方法です。また**定額法**とは額面と取得価額との差額を満期にわたって均等に期間配分していく方法です。

償却原価法の決算日の処理は，使用する換算レートに注目

下記の満期保有目的債券の取得日および決算日の会計処理は，どうなるか。

額面100$の債券を96$（取得日レート：95円/$）で取得。
決算日時価：105$（決算日レート：110円/$）。
期中平均レート：102円/$
なお，取得時から償還日までの期間は4年である。

①取得日

| （借）満期保有目的債券 （＊1）9,120 | （貸）現金及び預金 | 9,120 |

（＊1）96$×95円/$＝9,120円

②決算日：償却額の計算

| （借）満期保有目的債券 （＊2）102 | （貸）有価証券利息 | 102 |

（＊2）毎年の外貨建ての償却額 （100$－96$）÷4年＝1$/年
　　　円建ての償却額　1$/年×102円/$＝102円

③決算日：為替差損益の計算

| （借）満期保有目的債券 （＊3）1,448 | （貸）為替差損益 | 1,448 |

（＊3）外貨建ての償却原価　1$（＊2）＋96$＝97$
　　　円建ての償却原価　97$×110円/$＝10,670円
　　　為替差損益＝円建ての償却原価－円建ての取得原価－円建ての償却額
　　　　　　　　＝10,670円－9,120円－102円
　　　　　　　　＝1,448円

決算日レート 110円/$
期中平均レート 102円/$
取得日レート 95円/$

為替差損益は差額なんだね

取得原価 96$　償却原価 97$

（＊4）当期取得以外の場合は，前期末の簿価

7-6 外貨建有価証券の決算日の処理⑤

その他有価証券の性質

その他有価証券とは売買目的有価証券,満期保有目的の債券,子会社株式及び関連会社株式の**いずれにも分類されない有価証券**をいいます。このような消去法的に分類されたその他有価証券は,「(売買目的有価証券のように)直ちに売却することを予定しているわけではない」が「(満期保有目的債券や関係会社株式のように)売却を予定しないわけではない」という性質を持ちます。

■その他有価証券の性質と求められる事項

性質	求められる事項
長期的には売却される可能性がある(§7-1)	決算日時点で売ったらいくらになるか(時価)の情報が必要(§7-7)
直ちに売却することを予定しているわけではない(§7-1)	評価差額(＊1)を損益に反映させるのは妥当ではない(§7-7)

(＊1) 評価差額＝貸借対照表価額－取得原価

このため,評価差額を損益として処理せず,**貸借対照表の純資産の部**の「**その他有価証券評価差額金**」という科目に計上します。こうすることで評価差額を損益に反映することなく,その他有価証券を決算日の価値で表すことができます。

なお,その他有価証券のうち,債券については,評価差額をその他有価証券評価差額金としない取扱いもあります。これについては**§7-8**,**§7-9**で取り扱います。

その他有価証券の評価差額は，損益処理されない！

下記の場合，その他有価証券評価差額金の会計処理は，どうなるか。

取得原価：10,000円　　決算日時価：11,000円

①取得日

| （借）その他有価証券 | 10,000 | （貸）現金及び預金 | 10,000 |

②決算日

| （借）その他有価証券 | （＊1）1,000 | （貸）その他有価証券評価差額金（純資産） | 1,000 |

（＊1）11,000円－10,000円＝1,000円

【貸借対照表】

決算修正前

資産	負債
	純資産
その他有価証券 10,000	

決算修正後

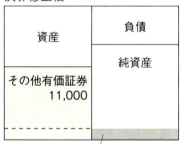

その他有価証券評価差額金 1,000

評価替えをした差額は，損益計算書ではなく，貸借対照表に計上されるんだ。

7-7 外貨建有価証券の決算日の処理⑥

その他有価証券／株式の場合

　その他有価証券が外貨建ての場合も，性質に変わりはありません。決算日には，属性に応じた換算レートを用いればよいことになります。

　すなわち，「長期的には**売買される可能性がある**」ことより，**決算日に売ったらいくらになるかの情報が必要**であり，用いる為替レートは，**決算日レート**となります。

> その他有価証券（時価あり／株式）の決算日の貸借対照表価額
> ＝決算日の外貨建ての時価×決算日レート

　時価のない株式の場合は，時価変動の影響は受けませんが，為替レートの変動の影響は受けるため，外貨建ての**取得原価**を**決算日レート**で換算して貸借対照表価額を算出します。

> その他有価証券（時価なし／株式）の決算日の貸借対照表価額
> ＝外貨建ての取得原価×決算日レート

　このように算出された決算日の貸借対照表価額と円建ての取得原価との差額は，「**直ちに売却することを予定していない**」ため，その他有価証券評価差額金として**貸借対照表の純資産の部**に計上されます（**§7－6**）。

為替レート変動部分も評価差額金として処理することに注目

【時価がある場合】
下記のその他有価証券の決算日の会計処理は，どうするか。

取得原価：100$　　取得日レート：1$=95円
決算日時価：110$　決算日レート：1$=100円

決算日

(借) その他有価証券 (＊1) 1,500	(貸) その他有価証券評価差額金 1,500

(＊1) 110$×100円/$ − 100$×95円/$ = 1,500円

決算日レート 100円/$
取得日レート 95円/$

その他有価証券評価差額金　1,500
円建ての取得原価　9,500

取得原価 100$　　時価 110$

【時価がない場合】
下記のその他有価証券の決算日の会計処理は，どうするか。

時価がないこと以外は，時価がある場合と同じ条件。

決算日

(借) その他有価証券 (＊2) 500	(貸) その他有価証券評価差額金 500

(＊2) 100$×100円/$ − 100$×95円/$ = 500円

決算日レート 100円/$
取得日レート 95円/$

その他有価証券評価差額金　500
円建ての取得原価　9,500

取得原価 100$

為替変動の影響は受けるから時価があってもなくても決算日レートで換算するんだね。

7-8 外貨建有価証券の決算日の処理⑦

その他有価証券／債券／額面で取得した場合

　その他有価証券が**債券**の場合も，その他有価証券としての性質は株式と同じであるため，円貨額への換算は**決算日レート**で行い，評価差額は**原則**，損益処理せず，その他有価証券評価差額金で処理されます（原則処理）。

　ただし債券は，償還額が決まっているという点が，**金銭債権である貸付金と類似**しています。だとすると，類似する性質を持つ債券の評価差額も，為替変動に係る部分については，金銭債権と同様に為替差損益で処理してもよいと考えられます。このため，為替変動に係る評価差額を為替差損益で処理することが認められています（容認処理）。

　では，その他有価証券として保有する債券の決算日の処理を額面で取得した場合と額面とは異なる金額で取得した場合に分けて会計処理を考えてみましょう。まず，額面で取得した場合は，下記のようになります。

貸借対照表価額	評価差額の処理
外貨建ての**時価**×決算日レート	原則：その他有価証券評価差額金 容認：その他有価証券評価差額金と為替差損益に分ける。

為替レート変動部分の処理が原則と例外で異なる

額面100$の債券を発行時に100$（取得日レート：95円/$）で取得。
決算日時価：105$、決算日レート：110円/$

【原則】

```
決算日レート    ┌─────────────────────────┐
110円/$         │  その他有価証券評価差額金  │
                │      2,050（＊1）         │
取得日レート    │                          │
95円/$          │┌─────────────┐           │
                ││ 円建ての取得原価 │           │
                ││    9,500     │           │
                │└─────────────┘           │
                └─────────────────────────┘
                        取得原価      時価
                         100$        105$
```

（＊1）105$×110円/$－100$×95円/$＝2,050円

【容認】

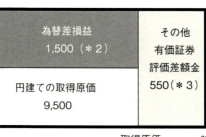

（＊2）100$×（110－95）円/$＝1,500円
（＊3）(105－100)$×110円/$＝550円

7-9 外貨建有価証券の決算日の処理⑧

その他有価証券／債券／額面と取得原価が異なる場合

次に額面と異なる金額で取得した債券の会計処理をみてみましょう。

この場合は，償却原価法（§7-5）を適用し，有価証券利息を計上します。「評価差額から有価証券利息を差引いた部分」は，原則，損益処理せず，その他有価証券評価差額金とします。ただし為替変動に係る部分については，金銭債権と同様に為替差損益で処理してもよいとの考えから，為替差損益として処理する方法も容認されています。容認処理をとる場合は，評価差額から有価証券利息と為替差損益を控除した額がその他有価証券評価差額金となります。

貸借対照表価額	評価差額の処理
外貨建ての**時価**×**決算日レート**	原則：有価証券利息とその他有価証券評価差額金に分ける。
	容認：有価証券利息と為替差損益とその他有価証券評価差額金に分ける。

償却原価法では,評価差額の一部が有価証券利息となる

額面100$の債券を96$（取得日レート：95円/$）で取得。
決算日時価：105$,決算日レート：110円/$,期中平均レート：102円/$
なお,取得時から償還日までの期間は4年である。

【原則】

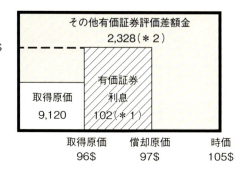

（＊1）（97$－96$）×102円/$＝102円
（＊2）（105$×110円/$）－（96$×95円/$）－102＝2,328

【容認】

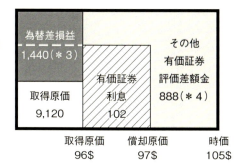

（＊3）96$×（110円/$－95円/$）＝1440円
（＊4）（105$×110円/$）－（9,120＋1,440＋102）＝888

7-10 外貨建有価証券の評価額の引下げ

関係会社株式も決算日レートで換算する

　外貨建有価証券も円建ての場合と同様に**時価もしくは実質価額**（以下，「時価等」という）**が著しく下落し，回復可能性が見込めない場合**には，**評価額を引き下げる**必要があります。

　外貨建ての場合，「著しく下落した」かどうかは，「**外貨建て**」の時価等と取得原価の比較で判断します。これは，円換算後で比較すると，為替相場の変動が含まれ，純粋な投資価値の変動を把握できないからです。

　「著しい下落」かどうかの判断は，円建ての場合と同様，すなわち時価等が取得原価よりも50％程度以上下落した場合となります。

投資有価証券評価損
＝取得原価－時価等
＝外貨建ての取得原価×**取得日レート**－外貨建ての**時価等**×**決算日レート**

　なお，評価損を計上する場合は，関係会社株式であっても，決算日現在の円貨額把握のため，決算日レートで換算するので留意が必要です。

 Key Word　実質価額

　実質価額は下記の計算式で求められます。

　　実質価額＝１株当たり純資産額×持株数

　１株当たり純資産額は，発行会社の決算書をもとに，原則として資産等の時価評価に基づく評価差額等を考慮して算定します。

評価減要否の判断は，外貨ベースで判断することに注目！

外貨建有価証券の評価額の引下げの会計処理は，どうするか。

取得原価：300$　　　決算日時価：140$
取得日レート1$=100円　決算日レート1$=93円

 評価減の要否を判断する

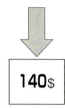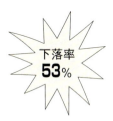

取得原価　　時価

下落率が50%超のため，評価減が必要

 評価減額を計算する

取得日レート100円/$
決算日レート93円/$
投資有価証券評価損 16,980円
時価140$　取得原価300$

評価減額
＝円建の取得原価－円建の時価
＝300$×100円/$－140$×93円/$
＝16,980円

| （借）投資有価証券評価損 | 16,980 | （貸）投資有価証券 | 16,980 |

評価損の判定は，外貨建ての下落率で実施するんだ。
ただし評価損は，円換算後の金額で計算することに注意してね。

7-11 外貨建転換社債型新株予約権付社債の保有者側の決算日の処理

転換後の性質により換算レートが異なる

　外貨建転換社債型新株予約権付社債の発行者側の処理については，§6-7で説明しましたが，この節では**保有者側の決算日の処理**を見てみましょう。

　債券は「売買目的有価証券」「満期保有目的の債券」「その他有価証券」のいずれかに分類されます。転換社債型新株予約権付社債も債券ですが，「満期保有目的の債券」にはなりません。途中で株式に転換される可能性がある転換社債型新株予約権付社債は，「満期保有目的の債券」の要件（償還日が定められており，かつ，額面金額による償還が予定されていること）を満たさないためです。

　外貨建転換社債型新株予約権の保有者側の決算日の円貨への換算は**通常の債券と同様に保有目的に応じた処理をします**（§7-2，7-8，7-9）。

　ただし子会社または関連会社により発行された場合は，処理が少し異なります。発行会社が子会社または関連会社ということより「売買目的」で取得されるというのは通常ありえず，「その他有価証券」となると考えられますが，**転換権が行使されると子会社株式または関連会社株式となるため，取得日レートで換算**するのです。

　ただしこの場合でも**新株予約権行使の可能性がないと認められる場合**（§6-7）は**決算日レートで換算**します。権利行使の可能性がないということは，子会社株式または関連会社株式となる可能性がないということで，通常の債券と同じ性格になるためです。

外貨建転換社債型新株予約権付社債の決算日の処理は為替レートの取扱いが特徴的

決算日の貸借対照表価額(外貨建金額×為替レート)は,下記で算定する。

保有目的	外貨建金額	為替レート
売買目的有価証券	決算日の時価 (§7-2)	決算日レート
その他有価証券	時価ありの場合: 時価 時価なしの場合: 取得原価または 償却原価 (§7-8,7-9)	子会社または関連会社以外の会社が発行:決算日レート 子会社または関連会社が発行: 　通常:取得日レート 　転換請求の可能性なし:決算日レート

転換社債型新株予約権付社債は,取得時の換算も少し特殊だ!
その他有価証券は,通常,振当処理が認められない(§8-6参照)が,支払額が為替予約等で確定し,振当処理の会計方針を採用している場合は,振当処理をするんだ。

COLUMN

サムライ債とショーグン債

　発行体が海外の債券には日本特有の言葉を名前につけられたものがいくつかあります。具体的には「サムライ債」，「ショーグン債」といったものがあります。

　サムライ債は外国の政府または民間企業が日本国内市場で円建てで発行する債券のことで，発行だけでなく，利払い，償還も日本円で行われます。正式には円建外債といいますが，円建てで発行されることから，そのネーミングに日本を連想させる言葉である「サムライ」が用いられています。サムライ債は為替変動リスクがないという利点がありますが，発行体が海外にあるため，その発行体の信用情報や財務情報が入手しにくく，投資リスクを評価しにくいという欠点があります。

　ショーグン債もサムライ債と同様に外国の政府または民間企業などが日本国内市場で発行する債券のことです。サムライ債との違いは外貨建債券であり，元本の払込み，利払い，償還ともに外貨建てで行われるため，為替変動リスクがあるという点です。「サムライ」の他に日本を連想させる単語として「ショーグン」という言葉が用いられたといわれています。

§8

為替予約等の会計処理

§8では，外貨建取引に対して為替予約を行った際の会計処理を取り扱います。
為替予約の締結日や採用する会計方針により複数の処理が出てきますが，1つ1つ確認しましょう。

金融商品会計の
知識がなくても
ポイント別に説明するから
もやもやがスッキリ！

8-1 為替予約とヘッジ

ヘッジ取引であればヘッジ会計をするわけではない！

　将来の価格変動を現時点で確定することで，リスクを固定化する取引をヘッジ取引といいます（§4-4）。為替予約は，将来の一定時点の為替レートを，契約時に「確定」する取引であり，このヘッジ取引に使われます。たとえば外貨建ての売上取引をする場合は，為替予約を行うとその時点で決済時の円転額を確定することができます。

　このように外貨建取引の為替変動のヘッジを目的として為替予約を行った場合の会計処理を考えてみましょう。外貨建取引と為替予約は，そもそも別の取引なので，外貨建取引と為替予約をそれぞれ独立した取引として会計処理をする方法があります（**独立処理**，**§8-2**）。

　ただし独立処理をとった場合，**ある会計期間を切り取ってみると，ヘッジ手段の損益だけが決算書に反映される**場合があります（**§8-3**）。これはヘッジ取引をした会社の意図と異なる結果なので，一定の要件の下，**ヘッジ会計**という特殊な会計処理が認められています。

　為替予約の場合のヘッジ会計は2種類あり，原則的な方法に**繰延ヘッジ**（**§8-4**），例外規定として**振当処理**（**§8-6**）があります。

　ヘッジ取引・ヘッジ会計・独立処理・繰延ヘッジ・振当処理の関係は，右頁のようになります。それぞれの関係がわかったところで，具体的な会計処理を見ていきましょう。

ヘッジ取引，ヘッジ会計，繰延ヘッジってどうちがう？

ヘッジ取引を行ったからといって，必ずヘッジ会計を行うとは限らない。左頁の各用語を整理すると…

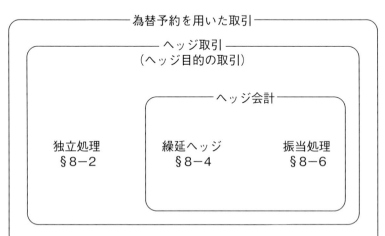

8-2 為替予約の会計処理

独立処理の会計処理は？

　為替予約は，**契約締結時点**では仕訳を必要としません。為替予約は相対取引ですが，予約締結日および実行日等の条件が同じであれば，締結相手や取引額によらずほぼ一定で，**時価はゼロ**のためです。しかし時間が経過し，為替相場や国内外の金利差が動くと為替予約の価値は変動します。

　そこで**決算日**においては，原則，**為替予約を時価評価**し，評価差額を為替差損益として処理します。一方，ヘッジ対象（例：外貨建売掛金）も決算日レートで換算替えします。「為替予約から発生する為替差損益」と「売掛金から発生する為替差損益」は，逆方向の動き（片方が益であれば，もう片方は損となる）となるため，独立処理の場合でも，為替変動リスクが相殺されるのです。

■ヘッジ手段とヘッジ対象の損益の推移

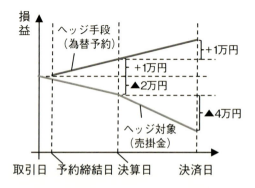

ヘッジ対象とヘッジ手段の損益の対称性に注目！

■前提
会社はX1年3月1日に1万$の売上を計上した。決済期限はX1年5月31日であり，後日，会社は決済日に1万$売る為替予約を締結した。取引日，予約締結日，決算日，決済日の各為替レートは下記のとおりである。

	X1/3/1 取引日	X1/3/5 予約締結日	X1/3/31 決算日	X1/5/31 決済日
直物レート	113	112	111	107
先物レート	−	109	108	−

(単位：万円)

売掛金の会計処理	為替予約の会計処理
①取引日（X1/3/1）	
（借）売掛金　113　（貸）売上　113	−
②予約締結日（X1/3/5）	
−	仕訳なし
③決算日（X1/3/31）	
（借）為替差損益　2　（貸）売掛金　2 2万円＝(113−111)円/$×1万$	（借）為替予約　1　（貸）為替差損益　1 1万円＝(109−108)円/$×1万$
④決済日（X1/5/31）	
（借）外貨預金　107　（貸）売掛金　111 為替差損益　4	（借）現金預金　109　（貸）外貨預金　107 　　　　　　　　　　　　為替予約　1 　　　　　　　　　　　　為替差損益　1

■為替予約の含み損益
会社は3/5に予約を締結している（5/31に109円/$でドルを売る）が，仮に決算日に同条件の予約をすると108円/$となる。これは，現在締結している為替予約のほうが1円/$有利（入金額が多い）ということでこの含み益が決算日に計上される。

8-3 ヘッジ会計の必要性①

独立処理で不都合が生じる場合

外貨建取引の前に**為替予約を締結**することがあります。もし，決算日にヘッジ手段しか存在しない場合，ヘッジ手段の評価損益のみが損益計算書に反映されます。取引開始から決済までの全体で見るとヘッジ効果があるはずです。しかし決算日までというように期間を区切ると，ヘッジを行った会社の意図と逆に，ヘッジ手段による為替差損益のみが生じているという皮肉な結果となってしまいます。

■ヘッジ手段とヘッジ対象の損益の推移

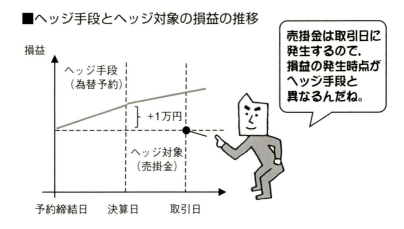

では，ヘッジ対象とヘッジ手段から生じる損益を打ち消し合うためには，両方の取引を同時に行わなければならないのでしょうか，それとも，この不都合を解消する別の方法があるのでしょうか？

ヘッジ対象の損益が生じていない場合の原則法は？

■**前提**

会社は1万$の受注を受け，X1年3月5日に，決済予定日（5月31日）に1万$を109円で売る為替予約を締結した。予定取引はX1年4月5日に実行された。予約締結日，決算日，取引日，決済日の各為替レートは下記のとおりである。

	X1/3/5 予約締結日	X1/3/31 決算日	X1/4/5 取引日	X1/5/31 決済日
直物レート	−	109	107	105
先物レート	109	108	106	−

（単位：万円）

売掛金の会計処理	為替予約の会計処理
①為替予約締結日（X1/3/5）	
−	仕訳なし
②決算日（X1/3/31）	
−	（借）為替予約　1　為替差損益　1 1万円=(109−108)円/$×1万$
③取引日（X1/4/5）	
（借）売掛金　107（貸）売上　107	仕訳なし
④決済日（X1/5/31）	
（借）外貨預金　105（貸）売掛金　107 　　為替差損益　2	（借）現金預金　109（貸）外貨預金　105 　　　　　　　　　　　為替予約　1 　　　　　　　　　　　為替差損益　3

為替変動による損益を生じさせないために為替予約をしたのに，決算書には為替予約の評価損益のみが反映されて意図と逆の結果になってしまった！

8-4 ヘッジ会計の必要性②

ヘッジ取引の意図を反映させるには？

　ヘッジ手段となる取引（例：為替予約）を実施後、決算日をまたぎヘッジ対象となる取引（例：外貨建ての販売）を行った場合、決算日には、ヘッジ手段の評価差額のみが損益に計上されます。これは、ヘッジを行った意図と逆の結果となっています。

　そこでヘッジの意図と結果を一致させるために、**ヘッジ会計**という**会計処理**が用いられます。ヘッジ会計とは、ヘッジ手段とヘッジ対象の損益計上のタイミングを合わせるという特殊な会計処理です。

　具体的な会計処理としては、為替予約（ヘッジ手段）の評価損益を当期の損益（為替差損益）とせず、繰延ヘッジ損益（純資産項目）とし、損益発生を翌期以降に繰り延べるのです。これを**繰延ヘッジ**といいます。

■決算日における評価損益の処理方法

原則処理の場合	（借）為替予約　1	（貸）為替差損益　1
繰延ヘッジの場合	（借）為替予約　1	（貸）**繰延ヘッジ損益**　1

　ここで注意が必要なのは、この処理が行われるのが、「**決算日にヘッジ対象から損益が発生していない場合のみ**」ということです。ヘッジ対象の損益が認識される場合（例：決算日に外貨建売掛金が存在する）は、ヘッジ手段とヘッジ対象にそれぞれ通常の会計処理を適用することで、ヘッジの効果が自動的に当期純損益に反映されるからです。

ヘッジ対象の損益が生じていない場合の繰延ヘッジ処理は？

■前提
取引は§8−3と同じ。会計処理は繰延ヘッジ処理を用いる。

(単位：万円)

売掛金の会計処理	為替予約の会計処理
①為替予約締結日（X1/3/5）	
－	仕訳なし
②決算日（X1/3/31）	
－	(借) 為替予約　　1　(貸) 繰延ヘッジ損益　1 1万円＝(109−108)円/$×1万$
③取引日（X1/4/5）	
(借) 売掛金　107　(貸) 売上　107	(借) 為替予約　　2　(貸) 繰延ヘッジ損益　2 2万円＝(108−106)円/$×1万$ (貸) 繰延ヘッジ損益　3　(貸) 売上高※　3 3＝1＋2
④決済日（X1/5/31）	
(借) 外貨預金　105　(貸) 売掛金　107 　　　為替差損益　2	(借) 現金預金　109　(貸) 外貨預金　105 　　　　　　　　　　　　為替予約　　3 　　　　　　　　　　　　為替差損益　1

※繰延ヘッジ損益の振替科目は為替差損益とすることができる。この場合は，通算すると独立処理と同じ会計処理となる。

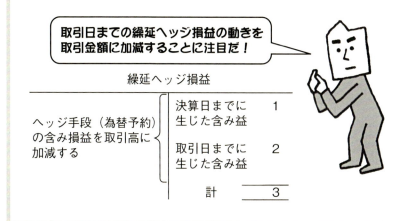

8-5 ヘッジ会計の適用要件は？

取引前と取引後の2回にわたりチェックされる

　ヘッジ会計を適用するには，取引前・取引後それぞれで，ある要件を満たす必要があります。ヘッジ会計の適用を無制限に認めると，損益操作の余地が生じます。それでヘッジ会計の要件が具体的，かつ，厳格に規定されているのです。

■取引前・取引後に求められる要件

> 【取引前】リスク管理方針が存在し，それに従った取引であること
> 【取引後】ヘッジ対象とヘッジ手段から生じる損益が高い程度で相殺されること

　取引前の要件として求められる**リスク管理方針**では，ヘッジ対象のリスク，ヘッジ手段，ヘッジ取引を行う際の承認手続，ヘッジ有効性の評価方法等，リスク管理の基本的な枠組みが文書化されることが最低限求められます。

　取引後には，ヘッジ対象とヘッジ手段の間に高い相関関係があること，つまり，両者が連動して損益が打ち消し合っている関係が必要です。ただし，為替予約の場合，外貨建取引に対応する通貨，金額，決済時期の為替予約であれば，キャッシュ・フローが完全に固定されることから，その後の為替相場の変動が完全に相殺されることが明らかであり，取引後のテストが省略できます。

§8 為替予約等の会計処理　131

取引前テストと取引後テストの具体的方法は？

Step 1　取引前テスト

デリバティブ運用規則

第1章　方針
第2章　承認手続き
第3章　会計処理
…

ヘッジ会計が適切に実行され，記帳に至るまでの内部統制について，手続の規程類への落とし込みや関係部署への周知といったルールが文書化されているかが検討される。

Step 2　取引後テスト

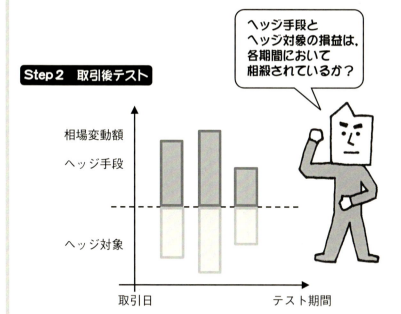

ヘッジ対象とヘッジ手段が高い相関関係にあるか（両者から生じる損益が打ち消し合う関係にあるか）が検討される。

8-6 振当処理とは

ヘッジ対象とヘッジ手段を1取引のように扱う処理

　ヘッジ会計の原則的な処理は繰延ヘッジ（§8-5）ですが，為替予約を用いたヘッジ取引の場合は，一定の条件を満たせば，**従来の実務を配慮し**，振当処理という簡便な処理が認められています。**振当処理**は以下の3ステップで行います。

> ① 外貨建金銭債権債務を為替予約のレートで換算する。
> ② 為替差損益を直々差額（取引日から予約日までに生じた為替変動額）と直先差額（予約締結日の直物レートと予約レートによる差額）に分解する。
> ③ 直々差額を予約日を含む会計期間の損益に計上し，直先差額を為替予約締結日から決済日にわたり按分する。

　予約レートのような将来の為替の交換レートを先物レートといいます。先物レートと直物レートには差があるのですが，これは，日本円と外貨の金利差に由来します（§3-7）。そこで利息的な性質のある直先差額は期間按分することが求められるのです。

＊直先差額は，期間按分が原則ですが，金額の重要性が乏しい場合には，為替予約を締結した年度の損益として処理することも認められています。

 Check!　振当処理の適用要件
　まずヘッジ会計の要件（§8-5）を満たすことが必要です。またヘッジ対象は，キャッシュ・フローが固定される金銭債権債務等に限定されます。たとえば，満期保有目的以外の外貨建有価証券は，売却時期や流入する外貨額が未確定のため，認められません。

振当処理は直々差額と直先差額を分ける

■**前提**

条件は§8－2と同じ。会計処理は振当処理を用いる。

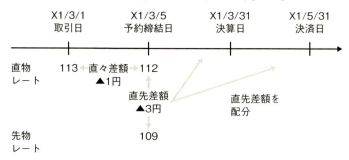

(単位：万円)

会計処理				
①取引日（X1/3/1）				
(借) 売掛金	113	(貸) 売上		113
②予約締結日（X1/3/5）				
1.直々差額の認識				
(借) 為替差損益	1	(貸) 売掛金		1
2.直先差額の認識				
(借) 前払費用	3	(貸) 売掛金		3
③決算日（X1/3/31）				
(借) 為替差損益	1	(貸) 前払費用		1
1＝3×(1ヶ月÷3ヶ月)				
本取引では，直先差額を月数で按分している				
④決済日（X1/5/31）				
(借) 外貨預金	109	(貸) 売掛金		109
為替差損益	2	前払費用		2
前払費用の残額を振替				

為替予約をした際に発生する為替差額を直々差額と直先差額に分けるのがポイントだね！

8-7 振当処理の会計処理

予約が先の場合は超簡単処理でもOK

§8-6では，外貨建取引より後に為替予約を締結した場合の会計処理を説明しましたが，外貨建取引よりも前に為替予約を締結している場合には，会計処理の違いが出てきます。

取引日が予約日よりも後のため，直々差額（取引日から予約日までに生じた為替変動額）は生じませんが，直先差額（予約締結日の直物レートと予約レートによる差額）は生じこれを各期に按分することが原則です。しかし将来のキャッシュ・フローが固定されていることと実務上の煩雑さを勘案し，**外貨建取引および金銭債権債務等を予約レートで換算する処理**も認められています。簡便的な振当処理は，**§8-3**の条件の場合，以下の通りとなります。

(単位：万円)

会計処理				
①為替予約締結日（X1/3/5）				
仕訳なし				
②決算日（X1/3/31）				
（借）為替予約	1	（貸）繰延ヘッジ損益		1
③翌期首（X1/4/1）				
（借）繰延ヘッジ損益	1	（貸）為替予約		1
④取引日（X1/4/5）				
（借）売掛金	109	（貸）売上		109
予約レート1ドル=109円で売上を計上する				
⑤決済日（X1/5/31）				
（借）外貨預金	109	（貸）売掛金		109

ヘッジ取引の実行時点と会計処理の関係をまとめると

振当処理の会計処理は，為替予約と外貨建取引のどちらが先か，また，決算日の前か後か等で異なってきます。下図で確認しましょう。

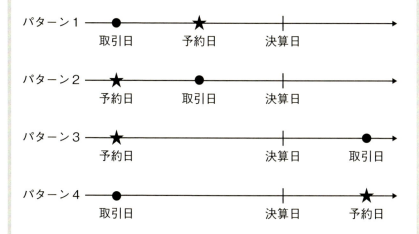

	決算日の処理方法	為替予約の損益影響
パターン1	為替予約により生じる直先差額を按分する。	直々差額および直先差額の当期按分額が損益に計上される。
パターン2	外貨建取引を予約レートで記帳する。（容認処理）	損益は生じない。
パターン3	ヘッジ対象がないため，繰延ヘッジ損益を計上する。	繰延ヘッジ損益は取引日に損益に加減される。
パターン4	為替予約が締結されていないので，外貨建取引を決算日レートで換算する。	―

8-8 包括予約の場合の振当処理

ヘッジ対象とヘッジ手段はグループ別に対応させる

　これまでは個々の外貨建取引に為替予約を紐づける場合で説明をしてきました。こうした予約方法を「個別予約」といいますが，売上取引や仕入取引は日常反復的に行われるため，ヘッジ対象とヘッジ手段を直接紐づけることが難しい場合もあります。そこで実務上，複数の外貨建取引から生じる入金額の全額または一部を，たとえば週別または月別といった決済日別に把握し，包括的にヘッジ取引（包括予約）を行うことがあります。

　このような**包括予約時においても，ヘッジ効果が決算書に反映されるような振当処理を行うことができます**。ポイントは下記の通りです。

①　ヘッジによるカバー率を算出する。
②　外貨建取引を為替予約の実行時期（外貨建取引より生じる債権または債務の決済時期）に応じてグループ分けする。
③　ヘッジ対象に予定取引も含めて計算する。

　ヘッジ対象については，決算日に実在する債権のヘッジでカバーされている部分に対して振当処理が行われます。一方，**ヘッジ手段**である為替予約は，予定取引の対応する部分について，時価評価差額を繰り延べます。

 Check!　予定取引によるヘッジ会計の注意点
　予定取引のうち，契約が成立していない取引も何でもヘッジ会計の対象にできるわけではなく，取引の予定時期，品目，価格，数量等の条件が合理的に予測可能であり，かつ，実行される可能性が極めて高いことが求められています。

包括ヘッジは，場合分けしてから会計処理する！

■**前提条件**
決算日（X1年3月31日）の各状況は以下のとおり。
ヘッジ対象：売掛金140$，予定取引60$（決済日：X1年4月30日）
ヘッジ手段：為替予約160$（X1年4月30日の予約レート：110円/$）
決算日の直物為替レート：109円/$，4月30日の先物レート：108円/$

為替予約が外貨建取引をカバーする割合を求める
※決算日の売掛金だけでなく，予定取引を含める。

売掛金　140$
予定取引　60$

ヘッジ対象　計200$

為替予約　160$

ヘッジ手段　計160$

カバー率80%
（=160/200）

売掛金・予定取引ごとに，ヘッジでカバーされているもの，カバーされていないものの金額を求める

a ヘッジでカバーされた
　売掛金112$（=140×80%）
　➡予約レートで換算

b ヘッジされていない
　売掛金28$（140－112）
　➡決算日レートで換算

c 為替予約のみあり
48$（=60×80%）
➡為替予約を時価評価し評価差額を繰り延べる。

d ヘッジ対象・手段ともなし
12$（=60－48）
➡会計処理不要

Step 3 売掛金残高と為替予約を算定する

売掛金残高の算定

売掛金の状態	外貨額	換算レート	円貨額
ヘッジでカバーされている	112$	110	12,320円
ヘッジでカバーされていない	28$	109	3,052円
計	140$		15,372円

為替予約の算定
繰延ヘッジ損益＝(110－108)円/$×48$＝96円

| （借）為替予約 | 96 | （貸）繰延ヘッジ損益 | 96 |

時限的に(!?)認められている振当処理

　振当処理は，世界的には独特な会計処理です。たとえば，米国会計基準や国際財務報告基準では，デリバティブがオンバランスされない点が理論的に問題であるとして，認められていません。

　このような弱点が指摘されるものの日本では振当処理が認められています。これは，キャッシュ・フローの固定化を表す会計手法として，振当処理が実務に強く定着していることから，現行の金融商品会計基準導入時に，「当分の間」特別に認めたのです。

　この「当分の間」とはいつまでを指すのでしょうか。金融商品会計基準の設定主体が，企業会計基準委員会に移管されたことを契機に再検討が行われる可能性があります。国際財務報告基準の導入企業も年々増加しているという環境の変化もあります。なくなるのも時間の問題かもしれません。

　そうはいっても，振当処理は経理担当者にとって繰延ヘッジと比べて仕訳が簡単な会計処理です。この棚上げ状態が「もっとずっと当分の間」続くという展開も十分ありえますね。

§9 在外子会社の決算書の換算

海外にある子会社（在外子会社）を連結する場合には，まず決算書を円貨に換算することが必要です。§9では，在外子会社の決算書の各項目の換算方法を解説します。

9-1 子会社の決算書の換算①

資産および負債に用いる為替レート

　海外にある子会社や関連会社（以下，「在外子会社等」という）の決算書は，通常，現地通貨で作成されます。したがって在外子会社等がある場合，連結決算書を作成するには，在外子会社等の決算書を円に換算する必要があります。

　では，換算はどのような為替レートを用いたらよいでしょうか。**換算は，科目の性質に合ったもので行うべき**という考え方から，科目により異なる為替レートが用いられます。まずは，資産および負債の換算方法を見ていきましょう。

　資産・負債の各項目は，現に期末にあるものなので，**決算日**の為替レートで換算するのが自然です。そこで在外子会社等の資産・負債は決算日レートを用いて換算します。

　なお，子会社の決算日と親会社の決算日である連結決算日の差異は3ヶ月以内であれば，子会社の決算日の決算書を取り込むことができるとされています。この場合，子会社の資産・負債は，子会社の決算日レートを用いて換算します。資産・負債は子会社の決算日に存在するので，同日の為替レートで換算することが自然であると考えられますね。

連結決算書を作るには、在外子会社の決算書の換算が必須！

在外子会社がある場合に連結決算書作成にあたり、しなければならないこと

連結決算書 ¥ = 親会社の決算書 ¥ + 子会社の決算書 $

子会社だけ単位がドルだから、円に変えないといけないな。

換算をするにあたっては、科目の性質に合った為替レートを用いる
■資産や負債の金額は、決算日時点の残高
　➡為替レートとしては決算日レートとの親和性が高い。

預金残高　100$　　決算日レート100円/$で換算

→ 100$×100円/$＝10,000円

固定資産　簿価300$

→ 300$×100円/$＝30,000円

支払手形　残高200$

→ 200$×100円/$＝20,000円

9-2 子会社の決算書の換算②

収益および費用に用いる為替レート

在外子会社等の収益および費用は以下の表のとおりに換算します。

場合	用いる為替レート	理由
原則	期中平均レート	損益は，会計期間を通じて積み上がった結果としての金額であり，帰属期間の平均レートが適切なため
容認	決算日レート	当期純利益は決算日に確定するため
親会社との取引	親会社が用いた為替レート	親会社における子会社投資の状況に，為替の影響をいれないため

　親会社との取引が多数の場合，親会社が用いた為替レートを1つ1つ対応させることは，実務上困難です。そこで実務では，親会社との取引も含め全額を期中平均レートで換算したうえで，連結相殺仕訳において，親会社取引額との差額を為替差損益として処理するという対応が多く行われています。

　なお，在外子会社等の決算日と連結決算日が異なる場合は，在外子会社等の会計期間の期中平均レート（または決算日レート）が用いられます。

 Check! 配当金の換算レートは？
　在外子会社の親会社への支払配当金は，連結全体でみると連結内部で留保利益（当期純利益の集積部分）が子会社から親会社に振り替えられただけといえるため，親会社が受取配当金を計上する場合と同じく配当決議日の為替レートを用いて換算します。

収益・費用は，期中平均レートで換算する

収益や費用の金額は，期間を通じて積み上がった結果の金額
➡為替レートとしては期中平均レートとの親和性が高い。

月別売上推移

4月売上	$100
5月売上	$80
...	
...	
3月売上	$90

直物為替レートの推移

4/1	100円/$
4/2	101円/$
4/3	102円/$
...	
...	
3/30	121円/$
3/31	120円/$

売上累計　$1,000　　　　期中平均レート　110円/$

売上　　$1,000×110円/$＝110,000円

損益は，期間を通じて発生するので，為替レートも期間を平均したものを用いるんだね。

9-3 子会社の決算書の換算③

純資産に用いる為替レート

在外子会社等の純資産は，科目ごとに以下の表のとおりに換算します。

場合	用いる為替レート	理由
資本金	株式取得時の為替レート	親会社からの投資額は固定しているため
利益剰余金	留保利益（当期純利益の累積部分）は，各発生年度の期中平均レート	各年度の利益は収益・費用の差額のため
その他有価証券評価差額金	決算日レート	有価証券の時価変動（決算日レートで換算）の相手勘定のため

さて，ここまで見てきたように，科目により換算に用いる為替レートが異なります。このため外貨ベースでは成立している下記数式が，換算後では成立しなくなってしまいます。

> 純資産＝資産－負債

このため，**純資産に為替換算調整勘定という科目を設けて，純資産の額を調整**することにより，換算後の円貨でも上記の数式が成り立つようにします（§10参照）。

為替換算調整勘定は，純資産の調整弁である！

下記の条件で、期末時の各科目の換算額はどうなるか？

為替レート
　　株式取得日のレート　　　95円/$
　　期中平均レート　　　　　110円/$
　　決算日レート　　　　　　100円/$
期首利益剰余金：50$（円換算額4,900円）

子会社純資産　　　　　　　　　　　　　　　　（単位：千$，千円）

科目	ドル建て	レート($/円)	円建て
資本金	200	95	19,000
利益剰余金			
期首利益剰余金	50	98	4,900
当期純利益	100	110	11,000
有価証券評価差額金	50	100	5,000
為替換算調整勘定			（＊1）100
合計	400	100	40,000

（＊1）100＝40,000－（19,000＋4,900＋11,000＋5,000）

純資産項目の円建ての換算額が
資産－負債になるように
為替換算調整勘定で調整するんだ。
だから，為替換算調整勘定が
マイナスになる場合もあるんだよ。

9-4 のれんの換算方法

超過収益力の性質に合った換算方法とは？

　会社を買収する場合，超過収益力（被買収会社の持つブランド力など潜在的な企業価値）を加味した結果，買収金額が被買収会社の純資産の時価（資産と負債の時価の純額）を超えることがあります。

　たとえば純資産の時価が200万$の会社を300万$で買い，子会社とした場合で考えてみましょう。連結決算書を作成するのに，投資と資本の相殺消去をすると下記の**アンバランス**が生じます。

（借）買収日の子会社の純資産　200万$	（貸）子会社株式　　　　　300万$

　この差額100万$は超過収益力に由来するもので，**のれん**といいます。

　在外子会社に関するのれんは，決算日の為替レートで換算します。のれんは実質的に子会社の資産を構成するため，他の資産と同様に在外子会社の決算日の為替レートで換算することが自然だからです。

　のれんは決算日レート，親会社の投資勘定は取得日レートで換算するため，投資と資本の相殺消去にあたり換算差額が生じますが，この差額は「為替換算調整勘定」として処理します。

> **Check!** のれん償却費の換算レートは？
>
> 　のれん償却費は，費用項目であるため，期中平均レートで換算します。のれんの期末残高＝のれんの期首残高−償却額ですが，期末残高と期首残高は，それぞれの決算日レートで換算します。このため，償却額の換算においても換算差額が生じます。これも為替換算調整勘定で処理をします。

のれんは,決算日レートで換算する!

■前提
純資産時価(資産の時価−負債の時価)が200万$の会社を300万$で買収し,子会社とした。各日の為替レートは下記のとおりである。
　取得日レート:100円/$　　決算日レート:90円/$
この場合の各日の換算額はどうなるか?
なお,簡便のため,取得から決算日までの子会社の損益はゼロとし,のれんの償却も考慮外とする。

西海岸で20店舗のカフェを展開して評判いいらしい。
集客力を評価して,資産負債の時価に100万$上乗せしてもほしいな。

取得日

子会社の純資産 2億円 (200万$×100円/$)	親会社の投資額 3億円 (300万$×100円/$)
のれん　1億円 (100万$×**100**円/$)	

決算日

子会社の純資産 2億円 (取得日レートで換算のため変わらず)	親会社の投資額 3億円 (取得日レートで換算のため変わらず)
のれん　9千万円 (100万$×**90**円/$)	

為替換算調整勘定
1千万円
(3億円−(2億円+9千万円))

9-5 在外子会社の簿価修正をする場合

資産側と純資産側で為替レートが異なる！

　会社を買収して子会社にする場合，連結する際に，子会社の資産・負債を時価評価する必要があります。

　たとえば，子会社が保有する土地の簿価が100百万円であるところ，取得日の時価が150百万円であれば，連結する際には土地の簿価を150百万円に修正しなければなりません。土地を100百万円から150百万円にすると，子会社の貸借対照表の貸借がバランスしませんので，差額の50百万円を子会社の純資産に「**評価差額**」として計上します。

　在外子会社等の場合も，取扱いは同様です。土地の簿価が100万ドルであるところ，取得時時価が150万ドルであれば，50万ドルの修正が必要となります。ただし外貨建ての場合は，以下の表のように簿価の修正額と評価差額の換算レートが異なるので注意が必要です。

項目	換算方法
簿価修正額	簿価修正額は，在外子会社の他の資産・負債と同様の属性を有するため，決算日レートにより換算。
評価差額	評価差額は，資本金と同様の属性を有するため，在外子会社等を取得した時点の為替レートにより換算し，その後は決算時の評価替えは行わない。

　換算レートが異なることによる貸借差額は，為替換算調整勘定で処理します。

子会社の簿価修正額の換算

■前提
子会社取得日（X1年11月1日）の土地の簿価は100万$, 時価は150万$
取得日レート：100円/$
取得年度の決算日（X2年3月31日）のレート：110円/$
簡便のため，税効果会計は考慮外とする。

取得日（X1年11月1日）における修正貸借対照表（土地と評価差額のみ抜粋）

決算日（X2年3月31日）における換算（修正額 50万$ 部分のみ抜粋）

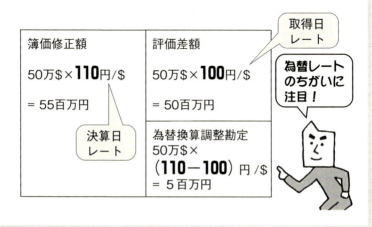

9-6 非支配株主がいる場合

純資産項目の按分

100％子会社ではなく，親会社以外の株主（**非支配株主**）がいる場合，子会社の純資産の一部は非支配株主の持分となります。たとえば，親会社の持分割合が80％の場合，純資産の20％（非支配株主持分割合）は非支配株主の持分となります。連結貸借対照表では，非支配株主持分の持分割合に応じ純資産額を「非支配株主持分」という科目として計上します。

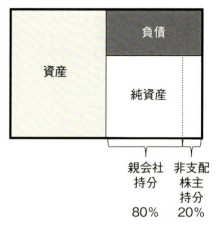

在外子会社等の決算書の各項目を換算すると，為替換算調整勘定が純資産に計上されますが，この「為替換算調整勘定」も他の純資産項目と同様に非支配株主持分への按分の対象となります。

この結果，在外子会社等の非支配株主持分は，現地通貨での純資産のうち，非支配株主持分相当額を決算日の為替レートで換算した額と一致することになります。

非支配株主持分の検証方法

非支配株主持分 ＝ 在外子会社の現地通貨による資本合計（評価差額も含む） × 非支配株主持分（％） × 決算日レート

在外子会社に非支配株主がいる場合は？

■前提
子会社の純資産は§9－3と同じ。被支配株主が20％存在する。
円換算方法については，§9－3を参照。

(単位：千$，千円)

科目	子会社の純資産項目		非支配株主持分 20% (円建)
	ドル建	円建	
資本金	200	19,000	3,800
利益剰余金			
期首利益剰余金	50	4,900	980
当期純利益	100	11,000	2,200
有価証券評価差額金	50	5,000	1,000
為替換算調整勘定		100	20
合計	400	40,000	8,000

この部分を連結仕訳で振り替える

連結仕訳　　　　　　　　　　　　　　　　　　　　(単位：千円)

(借)資本金	3,800	(借)非支配株主持分	8,000
利益剰余金	(*1)3,180		
有価証券評価差額金	1,000		
為替換算調整勘定	20		

(*1) 3,180＝980＋2,200

非支配株主持分の検証方法は左頁のPointの通りだ！
8,000千円
＝400千$×100円/$×20％
となっているね！

四半期はどう換算する？

　四半期連結財務諸表を作成する場合は，在外子会社の四半期財務諸表は四半期決算ごとに換算します。換算方法は，年度決算でも四半期決算でも変わりありません。よって，資産・負債は四半期決算日レート，収益・費用は期中平均レートが原則です。さて，第2四半期，第3四半期における「期中平均レート」は，どこからどこまでの平均レートなのでしょうか。以下の2つの方法が認められています。

(例)
　4月〜6月の利益が10ドル，7月〜9月の利益が20ドルの会社で，以下のレートの場合を考えてみましょう。

　　4月〜6月（3ヶ月間）平均レート：100円／ドル
　　7月〜9月（3ヶ月間）平均レート：110円／ドル
　　4月〜9月（6ヶ月間）平均レート：105円／ドル

| 3ヶ月ごとに換算 | 10ドル×100円＋20ドル×110円＝3,200円 |

換算結果が異なる！

| 6ヶ月の平均レートで換算 | （10ドル＋20ドル）×105円＝3,150円 |

§10 為替換算調整勘定とは？

為替差損益とは別の科目として，為替換算調整勘定というものがあります。
この科目は何なのでしょうか？
なぜ為替差損益とは別にこの科目が必要なのでしょうか？
§10では，この点を理解していきましょう。

10−1 為替換算調整勘定とは

在外子会社財務諸表の換算差額のこと！

為替差損益と似た科目に，**為替換算調整勘定**というものがあります。為替差額を処理する項目として，為替差損益と別個に，なぜ為替換算調整勘定という項目が必要なのでしょうか。

為替差損益は，外貨建取引を通じて発生した外貨建項目の換算替えや決済により生じる損益です。たとえば，1＄＝100円で預け入れた1万＄の外貨預金がある場合，為替レートが1＄＝120円になると，価値は100万円から120万円へと，20万円増加します。この差額が為替差益として損益計算書に計上されます。

為替換算調整勘定も，為替レートの変動により生じるものですが，生じるのは子会社の外貨建財務諸表の換算替えのときです。在外子会社の財務諸表の換算においては，財務諸表項目によって換算に用いる為替レートが異なり（§9−3参照），その結果生じた貸借差額が為替換算調整勘定なのです。

為替差損益と為替換算調整勘定は，意味するところが異なり，財務諸表上の取扱いも異なります。

項目	計上箇所	効果
為替差損益	損益計算書	年度の損益に影響あり
為替換算調整勘定	純資産	年度の損益に影響なし

為替換算調整勘定の増減をなぜ年度の損益に影響させないのか？　その理由こそが為替換算調整勘定が必要とされる答えなのですが，それは次節以降で解説していきます。

為替差損益と為替換算調整勘定はどう違う？

■為替差損益 『外貨建取引の換算』

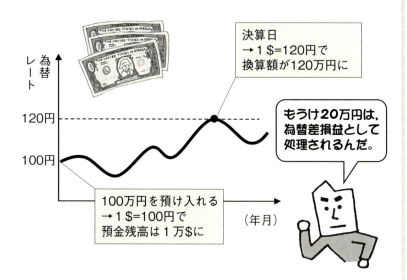

■為替換算調整勘定 『在外子会社の外貨建財務諸表の換算』

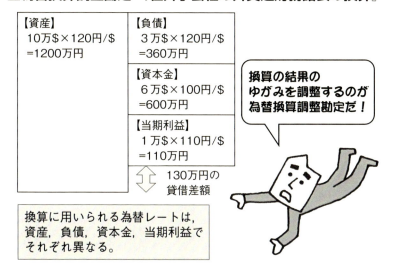

10-2 為替換算調整勘定の算定

為替換算調整勘定は換算の貸借差額！

　財務諸表項目の換算方法を思い出してみましょう。
　資産負債の換算に用いられる為替レートは決算日の為替レートです。これは資産負債は現に存在しているものであるため，決算日の為替レートで換算することが決算日の実態を表すことになるという理由からです。
　一方で，純資産項目は，親会社による投資の成果が積み上がっていく金額です。子会社の取得は子会社の事業活動を通じて利益を稼ぐことが目的ですので，投資の成果は，子会社の事業活動から生じた利益のみを反映させる方がより実態を表すことになります。そのため，資本金は株式取得日の為替レートで，利益剰余金は発生時の期中平均の為替レートで換算します。収益費用は期を通じて積み上がった結果の金額です。そのため，期中の為替レートの変動を反映した為替レートを用いることがより実態を表します。そこで原則，期中平均レートを用いることになっており，収益費用の差額である当期利益も期中平均レートを用いることになっているのです。
　以上のとおり，**財務諸表項目によって換算方法が異なるため**，外貨建ての財務諸表項目を換算しただけでは**貸借に差が生じて**しまいます。それを調整するために，貸借差額として為替換算調整勘定を設けるのです。
　なお，貸借対照表上，資産性または負債性を持つものを，資産の部または負債の部に記載することとし，それらに該当しないものは純資産の部に記載することとされています。単なる貸借の差額である為替換算調整勘定は資産性も負債性もないため，純資産の一部とされています。

為替換算調整勘定は換算レートの違いから生じる！

■ 在外子会社の換算

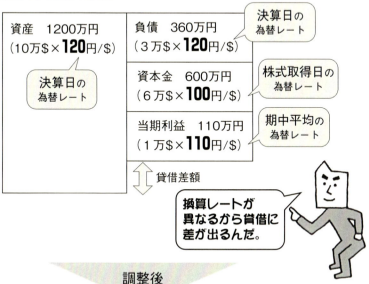

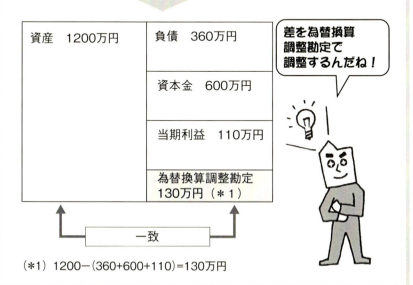

（＊1） 1200－(360＋600＋110)＝130万円

10-3 為替換算調整勘定はなぜ必要か？

為替換算調整勘定がないと投資の成果がわかりにくくなる！

　ここでは為替換算調整勘定がなぜ必要なのか見ていきましょう。連結財務諸表に子会社への投資の成果をどのように反映させるべきかを考えるとわかりやすいでしょう。

　子会社への投資は資金運用のためではなく，子会社の事業活動を通じて利益を稼ぐために行われるのが一般的です。当期利益は事業の成果を表すものですので，為替レートの変動による影響は，資金運用目的の投資であれば目的に合った成果なので含まれて構いませんが，子会社の事業活動を通じた利益獲得目的の投資ということであれば，付随的なものですので含めるべきではありません。そのため，当期利益は為替レートの変動を除いた外貨ベースで獲得した子会社の利益を基に算出するのがよいということになります。

　それでは，換算の貸借差額を為替差損益として処理した場合，どのような結果となるか考えてみましょう。在外子会社の外貨ベースの当期利益110万円に加え，為替レートの変動影響である在外子会社の財務諸表の換算差額130万円までが為替差損益を通じて当期利益に含まれることとなり，在外子会社への**投資の成果が歪んでしまいます。**

　このように，換算の貸借差額を為替差損益として処理した場合は不都合が生じるため，為替換算調整勘定が必要なのです。

投資の成果が歪む！？

■貸借差額を為替差損益で処理してみたら？

	換算差額 → 為替差益 130万円（＊1）	円建ての当期利益 110万円＋130万円 ＝240万円
子会社の外貨建て当期利益 → 外貨建ての当期利益 ×期中平均レート 1万$×110円/$ ＝110万円		

（＊1）「§10－2」図参照
資産－負債－資本金－当期利益

当期利益に外貨ベースの利益以外の要素が含まれ、純粋な投資の成果がわかりにくくなった。

■貸借差額を為替換算調整勘定で処理

外貨建ての当期利益 ×期中平均レート 1万$×110円/$ ＝110万円		円建ての当期利益 110万円

子会社の外貨建て当期利益

純粋な投資の成果だけが見えるようになった！

10-4 為替換算調整勘定の変動が意味するもの

動く方向で，円高・円安を読み取れる？

　これまで為替換算調整勘定の算出方法をみてきましたが，為替レートが変動した場合，為替換算調整勘定はどのように変動するのでしょうか。

　資産と資本金が10万$で負債も当期利益もゼロのシンプルなケースで考えてみましょう。資本金の換算レートは株式取得日のレートですので，為替レートが変動しても円貨ベースの資本金の額は変動しません。つまり資本金がある右側の四角の面積は為替レートが変動しても一定です。

　一方で，資産の換算レートは決算日のレートですので，為替レートの変動に応じて，円貨ベースの資産の額は変動することになります。円高は円貨ベースの資産を減少させ，円安は円貨ベースの資産を増加させるものですので，円高になれば資産がある左側の四角の面積は減少し，円安になれば増加します。

　為替換算調整勘定は純資産項目の一部なので，結果として，貸借差額である為替換算調整勘定は，**円高になれば借方側に増加**し，**円安になれば貸方側に増加**するのです。

為替レートの変動	為替換算調整勘定の変動
円高	減少（借方側に増加）
円安	増加（貸方側に増加）

§10 為替換算調整勘定とは？ 161

為替換算調整勘定と円高・円安の関係とは？

資産10万$，資本金10万$の子会社の換算後決算書は，為替レートの変動でどうなるか？

■設立時（1$＝100円）

資産	資本金
10万$×**100円**/$ ＝1000万円	10万$×100円/$ ＝1000万円

つまり為替換算調整勘定がプラス方向に動くことは，子会社の国の通貨が高くなったことを意味するぞ。

■円安に振れた場合
（1$＝100円→1$＝120円）

資産	資本金
10万$×**120円**/$ ＝1200万円	資本金 1000万円

純資産 1200万円

為替換算調整勘定 **+200万円**

逆に為替換算調整勘定がマイナス方向に動くことは子会社の国の通貨が安くなったことを意味するぞ。

■円高に振れた場合
（1$＝100円→1$＝80円）

資産	資本金
10万$×**80円**/$ ＝800万円	資本金 1000万円

純資産 800万円

為替換算調整勘定 ▲**200万円**

10-5 為替換算調整勘定と当期利益

為替換算調整勘定は子会社の売却で当期利益に反映される！

　換算で生じた差額は、純資産項目である為替換算調整勘定に積み上がり、当期利益に反映されません。永遠に当期利益に反映されないのでしょうか。ここではどのようなときに為替換算調整勘定が当期利益に反映されるのかを見ていきましょう。

　為替換算調整勘定が当期利益に反映される一般的なケースは、在外子会社を売却した場合です。§10-4の円安の状況で子会社を売却する場合を考えてみましょう。売買価格は一般的に下記のように表されます。

> 売買価格＝資産負債の時価＋会社の超過収益力（会社が経営を通じて獲得した他の会社より優れた価値。顧客リストやブランド力、ノウハウなど）

　このケースでは、資産負債の時価＝1,200万円です。超過収益力についての情報はないですが、仮に休眠会社とすると0円となり、売買価格は1,200万円となります。これを純資産側でみると、子会社株式簿価1,000万円に加え、為替レートの変動影響である為替換算調整勘定200万円についても売買価格に反映されていることがわかります。

　結果として、**換算差額についても売却代金に反映**されるため、**投資の終了時には為替換算調整勘定が当期利益に反映**されるのです。

　投資継続中に純粋な投資成果だけを表すために為替換算調整勘定に蓄積された換算差額は、子会社売却年度に当期利益に反映されます。子会社の売却代金に換算差額が反映されることを考えると、投資の成果の実態を適切に表した処理といえますね。

§10 為替換算調整勘定とは？

子会社を売却すると為替換算調整勘定は売却損益に！

■子会社株式の時価

【資産】
10万$×120円/$
＝1200万円

子会社株式時価
＝円貨建資産額

【資本金】 ← 子会社株式簿価
10万$×100円/$
＝1000万円

【為替換算調整勘定】
1200万円－1000万円
＝200万円

為替換算調整勘定に対応する額も時価に反映されるんだな。

■子会社株式を時価で売却

【親会社の個別財務諸表上の仕訳】

| 現金預金　1200万円 | 子会社株式　　　　1000万円 |
| | 子会社株式売却益　200万円 |

為替換算調整勘定が**貸方残**だと**売却益**となる

【連結財務諸表上の仕訳】

| 資本金　　　　　　1000万円 | 資産　　1200万円 |
| 為替換算調整勘定　200万円 | |

やった！為替換算調整勘定が実現したぞ！

子会社売却により連結上の
為替換算調整勘定は取り崩され，
為替換算調整勘定に対応する金額は
単体上，**株式売却損益**となる

【監修者紹介】

山岸　聡（統括監修）

公認会計士。第4事業部で監査業務に携わる一方，品質管理本部会計監理部も兼務し，監査チームから会計処理に関するコンサルテーション業務にも関与している。書籍の執筆，研修会の講師多数。
共著に「連結財務諸表の会計実務」（中央経済社），「減損会計の完全実務解説」（財経詳報社），「有価証券報告書のチェックポイント」（税務研究会出版局）がある。
また，最近の著作として週刊経営財務で「Q&A監査の現場から」の責任者として全執筆者の原稿をレビュー。

藤原　由佳（監修）

公認会計士。第3事業部に所属。
国内監査部門において，倉庫物流会社，小売業，メーカー等の監査に従事するとともに，IPO準備の会社の準金商法監査やIFRSアドバイザリー業務に従事する。
共著に「図解でざっくり会計シリーズ⑨　組織再編会計のしくみ」（中央経済社）がある。

【執筆者紹介】

菊池　玲子（§1，企画・編集・レビュー）

公認会計士。第4事業部に所属。
小売業，製造業，公益法人等の監査のほか，IPO支援業務，IFRS対応業務，地方公共団体の受託事業に関与。監査法人勤務前は，出版社にて編集に従事。
共著に「図解でざっくり会計シリーズ④　減損会計のしくみ」「図解でざっくり会計シリーズ⑨　決算書のしくみ」（以上，中央経済社），「キラキラ女性経営者を目指す！会社経営の教科書」（同文舘出版）がある。また毎日新聞のウェブサイト「経済プレミア」に「キラリと光る経営者への道」を執筆。

佐藤　一（§2）

公認会計士。第3事業部に所属。
主に医療機器販売業，精密機器製造業，不動産ファンド業，サービス業，小売業の監査業務を担当。その他，財務書類の翻訳業務，内部統制助言業務などにも関与。
共著に「そのまま使える経理の英文メール」（中央経済社）がある。

大澤　究（§4）

公認会計士。第5事業部に所属。
国内監査部門において，物流会社，メーカー，商社等の監査に従事するとともに，IPOを志向するアーリーステージの会社の準金商法監査及びアドバイザリー業務に従事。なお，株式上場したベンチャー企業において，経理部長として通常の決算に加え，内部統制構築，資金繰り管理，IR，株主総会運営等様々なバックオフィス業務を担う経験を有する。
共著に「ケーススタディ・上場準備実務」（税務経理協会）がある。

吉野　健司（§5）

公認会計士。第3事業部に所属。
卸売業，小売業等の監査業務に従事するとともに，上場支援業務に従事している。

杉山　光司（§6）

公認会計士。第3事業部に所属。
製造業，小売業等の監査業務のほか，非営利法人や英文財務諸表の監査業務に従事するとともに，上場支援業務に従事している。

小泉　和香（§7）

公認会計士。第5事業部に所属。
建設業，不動産業の会計監査業務に関与。

西尾　拓也（§8）

公認会計士。公益社団法人日本証券アナリスト協会検定会員。第3事業部所属。
大手半導体製造業，民生品製造業などの日本基準及び米国基準による監査，内部統制助言業務や上場支援業務等の他，日本公認会計士協会　実務補習所運営委員会　副委員長を務め，後進育成にも従事している。
共著に「電機産業の会計・内部統制の実務」（中央経済社）がある。

松川　由紀子（§9）

公認会計士。第3事業部に所属。
商社，小売業，サービス業等の監査業務に従事するとともに，上場支援業務に従事している。
共著に「設例でわかる　キャッシュ・フロー計算書のつくり方Q＆A」（中央経済社）がある。

安部　貴之（§10）

公認会計士。第5事業部に所属。
建設業，サービス業，小売業，旅客運輸業等の監査業務のほか，学校法人や英文財務諸表の監査業務，コンフォート・レターの作成業務も担当。
また，法人内外の研修講師も多数担当。
著書（共著）に「図解でざっくり会計シリーズ⑥　キャッシュ・フロー計算書のしくみ」「こんなときどうする？ 引当金の会計実務」（以上，中央経済社），「金融機関のための建設業界の基本と取引のポイント」（経済法令研究会）がある。

【レビュー】

新居　幹也

公認会計士。企業成長サポートセンターに所属し，第5事業部を兼務。
不動産業，素材産業，商社，IT産業等の会計監査，内部統制助言業務，株式公開支援業務等に携わる他，ベンチャー企業支援会社であるEY新日本クリエーション株式会社を立ち上げ，業務を統括。日本公認会計士協会　実務補習所講師（法人税法）。
共著に，「図解でざっくり会計シリーズ① 税効果会計のしくみ」「不動産取引の会計・税務Q＆A」等がある。

【編者紹介】

EY | Assurance | Tax | Transactions | Advisory

新日本有限責任監査法人について

新日本有限責任監査法人は，EYの日本におけるメンバーファームです。監査および保証業務をはじめ，各種財務アドバイザリーサービスを提供しています。詳しくは，www.shinnihon.or.jp をご覧ください。

EYについて

EYは，アシュアランス，税務，トランザクションおよびアドバイザリーなどの分野における世界的なリーダーです。私たちの深い洞察と高品質なサービスは，世界中の資本市場や経済活動に信頼をもたらします。私たちはさまざまなステークホルダーの期待に応えるチームを率いるリーダーを生み出していきます。そうすることで，構成員，クライアント，そして地域社会のために，より良い社会の構築に貢献します。

EYとは，アーンスト・アンド・ヤング・グローバル・リミテッドのグローバルネットワークであり，単体，もしくは複数のメンバーファームを指し，各メンバーファームは法的に独立した組織です。アーンスト・アンド・ヤング・グローバル・リミテッドは，英国の保証有限責任会社であり，顧客サービスは提供していません。詳しくは，ey.com をご覧ください。

本書は一般的な参考情報の提供のみを目的に作成されており，会計，税務およびその他の専門的なアドバイスを行うものではありません。新日本有限責任監査法人および他のEYメンバーファームは，皆様が本書を利用したことにより被ったいかなる損害についても，一切の責任を負いません。具体的なアドバイスが必要な場合は，個別に専門家にご相談ください。

図解でスッキリ
外貨建取引の会計入門

2016年12月25日　第1版第1刷発行
2025年4月15日　第1版第7刷発行

編　者　新日本有限責任監査法人
発行者　山　本　　　継
発行所　㈱中央経済社
発売元　㈱中央経済グループ
　　　　パブリッシング

〒101-0051　東京都千代田区神田神保町1-35
電話　03 (3293) 3371 (編集代表)
　　　03 (3293) 3381 (営業代表)
https://www.chuokeizai.co.jp
印刷・製本／昭和情報プロセス㈱

© 2016 Ernst & Young ShinNihon LLC.
All Rights Reserved.
Printed in Japan

＊頁の「欠落」や「順序違い」などがありましたらお取り替えいたしますので発売元までご送付ください。(送料小社負担)

ISBN978-4-502-20671-9　C3034

JCOPY〈出版者著作権管理機構委託出版物〉本書を無断で複写複製(コピー)することは、著作権法上の例外を除き、禁じられています。本書をコピーされる場合は事前に出版者著作権管理機構 (JCOPY) の許諾を受けてください。
　JCOPY〈https://www.jcopy.or.jp　eメール：info@jcopy.or.jp〉

一目でわかるビジュアルガイド

図解でざっくり会計シリーズ　全9巻

新日本有限責任監査法人［編］　　各巻1,900円＋税

本シリーズの特徴
- ■ シリーズキャラクター「ざっくり君」がやさしくナビゲート
- ■ コンセプトは「図とイラストで理解できる」
- ■ 原則、1テーマ見開き
- ■ 専門用語はできるだけ使わずに解説
- ■ 重要用語はKeywordとして解説
- ■「ちょっと難しい」プラスαな内容はOnemoreとして解説

①	税効果会計のしくみ	5つのステップでわかりやすく解説。連結納税制度や組織再編、資産除去債務など、税効果に関係する特殊論点についてもひと通り網羅。
②	退職給付会計のしくみ	特有の用語をまとめた用語集付き。改正退職給付会計基準もフォロー。
③	金融商品会計のしくみ	ますます複雑になる重要分野を「金融資産」、「金融負債」、「デリバティブ取引」に分けて解説。
④	減損会計のしくみ	減損会計の概念を携帯電話会社を例にしたケーススタディ方式でやさしく解説。
⑤	連結会計のしくみ	のれん・非支配株主持分・持分法などの用語アレルギーを感じさせないように、連結決算の基礎をやさしく解説。
⑥	キャッシュ・フロー計算書のしくみ	どこからお金が入り、何に使ったのか、「会社版お小遣い帳」ともいえる計算書のしくみを解説。
⑦	組織再編会計のしくみ	各章のはじめに組織再編の全体像を明示しながら解説。組織再編の類型や適用される会計基準、さらに各手法の比較まで言及。
⑧	リース会計のしくみ	リース取引のしくみや、資産計上するときの金額の算定方法等、わかりやすく解説。特有の用語集付き。
⑨	決算書のしくみ	貸借対照表、損益計算書、CF計算書の構造から、決算書に表れる大小事件の読み方までわかりやすく解説。

■中央経済社■

■おすすめします■

学生・ビジネスマンに好評
■最新の会計諸法規を収録■

新版 会計法規集

中央経済社編

会計学の学習・受験や経理実務に役立つことを目的に，最新の会計諸法規と企業会計基準委員会等が公表した会計基準を完全収録した法規集です。

《主要内容》

会計諸基準編＝企業会計原則／外貨建取引等会計基準／研究開発費等会計基準／税効果会計基準／減損会計基準／自己株式会計基準／1株当たり当期純利益会計基準／役員賞与会計基準／純資産会計基準／株主資本等変動計算書会計基準／事業分離等会計基準／ストック・オプション会計基準／棚卸資産会計基準／金融商品会計基準／関連当事者会計基準／四半期会計基準／リース会計基準／工事契約会計基準／持分法会計基準／セグメント開示会計基準／資産除去債務会計基準／賃貸等不動産会計基準／企業結合会計基準／連結財務諸表会計基準／研究開発費等会計基準の一部改正／変更・誤謬の訂正会計基準／包括利益会計基準／退職給付会計基準／修正国際基準／原価計算基準／監査基準　他

会　社　法　編＝会社法・施行令・施行規則／会社計算規則

金融商品取引法編＝金融商品取引法・施行令／企業内容等開示府令／財務諸表等規則・ガイドライン／連結財務諸表規則・ガイドライン　他

関 連 法 規 編＝税理士法／討議資料・財務会計の概念フレームワーク　他

■中央経済社■

2016年1月13日現在の基準書・解釈指針を収める
IFRS財団公認日本語版！

IFRS® 基準 2016

IFRS財団 編　企業会計基準委員会
　　　　　　　公益財団法人財務会計基準機構 監訳

中央経済社刊　定価17,280円（分売はしておりません）　B5判・4080頁
ISBN978-4-502-19411-5

IFRS適用に必備の書！

●**唯一の公式日本語訳・最新版**　本書はIFRSの基準全文を収録した**IFRS Standards 2016**の唯一の公式日本語翻訳。2010年3月決算より、国際財務報告基準（IFRS）の任意適用がスタートしたが、わが国におけるIFRS会計実務は、日本語版IFRSに準拠することとなっているので、IFRS導入に向けた**準備・学習には不可欠の一冊**である。

●**使いやすい2分冊**　2010年版から英語版の原書が2分冊となったため、日本語版もPART AとPART B 2分冊の刊行となっている。各基準書の本文をPART Aに収録し、「結論の根拠」「設例」などの「付属文書」をPART Bに収録。**基準書本文と付属文書の相互参照も容易**となっている。

●**最新の基準と最新の翻訳**　リース（IFRS第16号）等を収録したほか、2016年1月13日までの基準・解釈指針の新設・改訂をすべて織り込む。また、とくに改訂がなかった基準も、より読みやすい日本語訳を目指して訳文を見直した。

IFRSの参照に当たっては、つねに最新の日本語版をご覧ください。

中央経済社
東京・神田神保町1
電話 03-3293-3381
FAX 03-3291-4437
http://www.chuokeizai.co.jp/

収録内容
国際財務報告基準（IFRS）
国際会計基準（IAS）
解釈指針（IFRIC・SIC）
概念フレームワーク　ほか
　　　　　　　　　　PART A収録
結論の根拠・適用ガイダンス・設例
用語集・索引ほか
　　　　　　　　　　PART B収録

▶価格は税込みです。掲載書籍は中央経済社ホームページ http://www.chuokeizai.co.jp/ からもお求めいただけます。